日本語学習者のための

読解厳選テーマ25＋10
［初中級］

清水正幸／下郡麻子／泉水晃子
MASAYUKI SHIMIZU／ASAKO SHIMOGORI／AKIKO IZUMI

はじめに

1．本書の特長

　本書は日本語学習の初級後半レベルから日本語能力試験のN3レベル程度の日本語力をめざす過程にある人を対象にしています。また、日本社会についての知識だけでなく、そこから社会的なテーマについて自ら考えて身につけることも目標にしています。この点で、大学・大学院への進学をめざす人にもお薦めできます。

　本書は、このような日本語力、知識、考える力を身につけていけるように、以下のような工夫を行いました。

① 第1部は本書のメインとなるセクションであり、日本社会や文化、日本人の考え方にははばひろく触れられるように、多様性のあるテーマをそろえました。
② 第2部では、やや長めの文章に慣れるとともに、登場人物の性格、心情や人間関係、物語のメッセージが理解できるような昔話、伝記をそろえました。
③ 第3部では、4コマ漫画やクロスワードパズル、詩など、よりバラエティーに富み、楽しみながら学べるものをそろえました。
④ 第1部と第2部を中心に、テーマについて考えたり、クラスメートとディスカッションをするセクションを設けました。「文章を読む」「自分の考えをまとめ、話す」「他者の考えを聞く」というプロセスの中で視野を広げ、理解を深めていきます。

2．本書の構成

　3部から成り、第1部は25トピック、第2部および第3部は5つのトピックで構成されています。また、日本語能力試験N3レベル以上と思われる語は別冊の語彙リストに収録し、漢字表記の場合には、トピックごとに、適宜、初出部分にルビを振りました。

　なお、本書の制作にあたっては、さまざまな方面より惜しみないご協力をいただきました。とりわけ、東京外語専門学校、江戸カルチャーセンター日本語学校、友国際文化学院および各校教職員の皆様に、心より感謝申し上げます。

2018年4月　著者一同

本書の使い方および時間配分の目安

（＊クラス授業で使用する場合を中心に、使い方の例をまとめました。）

第1部 [1課あたりの授業時間目安：45～70分程度]

1．準備（5～10分程度）

　タイトルとキーワードを見て、わからない言葉があれば、意味を調べましょう（別冊には、日本語能力試験N3レベル以上の語彙リスト（英語・中国語・ベトナム語の対訳付き）があります。そして、これから読む文章にどんなことが書いてあるか、考えます。クラス授業で使う場合は、下の例のような話し合いをしてもいいでしょう。

　　　例：「1-10　デートのお金はだれが出す？」
　　　　　⇒自分の国で恋人たちに人気の場所、自分はどんなデートをしたいか、
　　　　　　「割り勘」についてどう思うか、などについて、クラスメートと話します。

2．本文読解（20～30分程度）

2-1. 黙読と答えの記入

　声を出さないで読んで、問題の答えを書きます。語彙リストや辞書を使うかどうかは、自分の日本語のレベルなどから決めてください。
　また、文で答えを書く問題では、答えの書き方にも注意しましょう。問題に合う答え方かどうか、確認してください。

2-2. 音読と答え合わせ

　1段落ずつ、発音に気をつけながら、声を出して読みます。そのとき、漢字の読み方や大切な言葉の意味を確認します。そして、文を書いた人の言いたいことや、内容などを確認します。問題の答えを確認できるところに来たら、答え合わせをします。

3. 話そう・考えよう（20〜30分程度）

　本文を読んだあとで、2つのテーマについて考えたり、話したりします。クラス授業で使う場合は、ぜひグループで話し合って、発表してください。また、自分の意見を作文に書いてみるのもいいでしょう。

第2部 ［1課あたりの授業時間目安：55〜100分程度］

　第2部では、第1部より長い文章を読みます。いろいろな国の昔話（※）や有名な人の話など、読んで楽しめるものを集めました。話に出てくる人の性格や気持ちなどを考えながら読みましょう。

※「2-02　ネコはネコにかえる」はベトナム、「2-03　ツァルツァーナムジル」はモンゴルの昔話です。

1. 準備（5〜10分程度）

「第1部」と同じです。

　　例：「2-02　ネコはネコにかえる」
　　　⇒自分の国ではネコはどんなイメージか、「ネコはネコにかえる」というタイトルからどんな内容が考えられるか、などについて、クラスメートと話します。

2. 本文読解（30〜45分程度）

2-1. 黙読と答えの記入
「第1部」と同じです。

2-2. 音読と答え合わせ
「第1部」と同じです。

【問題1のイラスト問題のやり方】

［やり方1］
　他の問題と同じように、声を出さないで本文を読んで、答えを書く。

［やり方2］
　本文を読む前にまずイラストを見て、本文の内容を想像しながら答えを書き、あとで読んでチェックする。
（一人で考えても、クラスメートと一緒に考えてもいいです。）

［やり方3］
　本文は見ないで、先生の音読を聞きながら答えを書き、あとで読んでチェックする。

3．話そう・考えよう（20～45分程度）

「第1部」と同じです。

第3部 [1課あたりの授業時間目安：30～45分程度]

　第3部では「文章を読んで問題に答える」というスタイルとは少し違うものを集めました。文法やカタカナなど、さまざまな学習にも役に立ちます。

「3-01　4コマ漫画『豆柴くん』」
　　⇒文型「ながら」の学習
「3-02　宝物を探せ！」
　　⇒「命令形・禁止形」の学習
「3-03　カタカナ・クロスワード」
　　⇒N3レベルのカタカナ語彙の学習
「3-04　荷物を受け取る」
　　⇒必要な情報を探す学習
「3-05　詩を読む」
　　⇒詩という、日本語の新しい世界を体験します。景色や気持ちを想像しながら、発音、リズム、声の大きさなどに気をつけて、ぜひ声に出して読んでみてください。

もくじ

第1部

1-01	日本の生活①	2
1-02	ラジオ体操	4
1-03	今年の漢字	6
1-04	イノシシやシカを食べよう	8
1-05	ようこそ、不人気県へ	10
1-06	日本の生活②	12
1-07	ハシビロコウ	14
1-08	ビブリオ・バトル	16
1-09	今どきの女子高校生	18
1-10	デートのお金はだれが出す？	20
1-11	日本の生活③	22
1-12	「親切な店員さん」	24
1-13	コミックマーケット	26
1-14	変化を続けるバレンタインデー	28
1-15	化粧の力	30
1-16	日本の生活④	32
1-17	本当の忍者	34
1-18	握り寿司、しょう油のつけ方は？	36
1-19	くまモン ―がんばれ熊本―	38
1-20	人間にしかできない仕事	40

1-21	日本の生活⑤	42
1-22	北枕は縁起が悪い？	44
1-23	マスク依存症	46
1-24	飲みニケーション	48
1-25	「この電車には、ご乗車できません」	50

第2部

2-01	シンデレラ	54
2-02	ネコはネコにかえる	58
2-03	ツァルツァーナムジル	62
2-04	花咲かじいさん	66
2-05	野口英世	70

第3部

3-01	4コマ漫画「豆柴くん」	76
3-02	宝物を探せ！	78
3-03	カタカナ・クロスワード	80
3-04	荷物を受け取る	82
3-05	詩を読む	84

別冊1：**語彙リスト** [英語・中国語・ベトナム語訳付き]

別冊2：**解答**

第1部

日本の生活①

> ストレス　アルバイト　スタッフ　ラッシュ　目標

　わたしは今年の4月に日本へ来ました。留学生のライです。もっと日本語が上手になりたいと思って、日本へ来ました。

　今楽しいことは、友だちといろいろなところへ遊びに行くことです。それから、友だちと話すことも楽しいです。友だちと話すと、ストレスが全部なくなります。

　大変なことは、8月からしているアルバイトです。今、レストランで週3回、働いています。最初は簡単な仕事だと思いました。でも、お客様や日本人のスタッフと日本語で話すことも難しいし、料理の作り方も複雑だし、今は遊ぶ時間も少なくなりました。

　それから、朝のラッシュも大変です。電車はいつもすごく混んでいて、ときどき乗ることができません。毎日混んでいる電車に乗って会社や学校へ行く日本人は、本当にすごいと思います。

　今の目標は、もっと日本語が上手になることです。ですから、毎日家で、一生懸命勉強しています。そして、日本人の友だちと、たくさん日本語で話しています。

　これからも、一生懸命がんばります。

問題

❶. 本文の内容と合っているものに○、合わないものに×を書いてください。

①（　）ライさんは日本へ来る前、日本語がぜんぜんわかりませんでした。

②（　）ライさんは友だちと話すと、ストレスがなくなります。

③（　）ライさんは今、毎日アルバイトをしています。

④（　）ライさんが今している仕事は、簡単じゃありません。

⑤（　）ライさんの目標は、日本人の友だちをつくることです。

❷. ライさんは、どうして日本へ来ましたか。

　　　＿＿＿＿＿＿＿＿＿＿＿＿＿＿＿＿＿＿＿＿＿＿＿＿から。

❸. ライさんが楽しいことは、何ですか。

・＿＿＿＿＿＿＿＿＿＿＿＿＿＿＿＿＿＿＿＿＿＿＿＿こと

・＿＿＿＿＿＿＿＿＿＿＿＿＿＿＿＿＿＿＿＿＿＿＿＿こと

❹. ライさんが大変なことは、何ですか。

　　＿＿＿＿＿＿＿＿＿＿＿＿と＿＿＿＿＿＿＿＿＿＿＿＿

話そう・考えよう

① 日本の生活で楽しいこと、大変なことは何ですか。
② どうしたら、日本語が上手になると思いますか。

ラジオ体操

指示　健康　ぴったり　ダイエット

　みなさんは、ラジオ体操を知っていますか。その名前のとおり、ラジオの音楽と指示に合わせて体を動かす体操です。

　ラジオ体操は、今から100年近く前に生まれました。昔の日本人は体も小さくて、あまり健康ではありませんでした。そのため、体操で国民を健康にしようと考えて作られたのが、ラジオ体操です。ラジオ体操を作るときには、男性も女性も、子どもでも大人でもできること、簡単に覚えられること、部屋の中でも外でもできることなどを大切にしたそうです。その結果、ラジオ体操は日本全国で行われるようになりました。

　その後、音楽などが少し変わりましたが、今もほとんどの日本人がラジオ体操を知っていて、授業や仕事の前にラジオ体操をしている学校や職場が少なくありません。また、ラジオ体操は無理に体を動かす運動ではないので、水泳など、スポーツをする前の準備運動にもぴったりですし、健康のために毎日続けているお年寄りもたくさんいます。最近はダイエットをしている人たちにも人気があるそうです。

　今ではラジオだけでなく、インターネットやDVDでいつでも見ることができるので、ラジオ体操をする人の数は減らないそうです。

　みなさんも、今日からラジオ体操をやってみませんか。

問題

❶. 本文の内容と合っているものに○、合わないものに×を書いてください。

　　① (　　) ラジオ体操は、100年ぐらい前からある。

　　② (　　) ラジオ体操は、子どものための体操だ。

　　③ (　　) ラジオ体操は、難しい体操ではない。

　　④ (　　) お年寄りが毎日ラジオ体操をするのは無理だ。

　　⑤ (　　) ラジオ体操は、ラジオがない場所ではできない。

❷. どうしてラジオ体操が作られましたか。

　　_____ため、

　　_____から。

❸. ラジオ体操はどんなことに気をつけて作られましたか。3つ書いてください。

　　・_____こと

　　・_____こと

　　・_____こと

話そう・考えよう

① あなたの国の人たちは、健康のためにどんなことをしていますか。
② ラジオ体操をやってみましょう。そして友だちと感想を話してみましょう。

1-03 今年の漢字

> 発表する　印象に残る　募集する　東日本大震災　助け合う
> オリンピック　金メダル　2000円札

1　日本では毎年12月になると、「今年の漢字」がテレビや新聞で発表されます。
2　これは、その年でいちばん印象に残ったことを漢字1字で表すものです。
3　インターネットなどを使って日本全国から「今年を表す漢字1字」を募集して、
4　いちばん多かったものが「今年の漢字」に決まります。そして、京都にある清
5　水寺のお坊さんが選ばれた漢字を大きな紙に大きな筆で書いて、発表します。
6　それでは、「今年の漢字」には、今までにどんな漢字が選ばれたのでしょう
7　か。例えば、2011年の漢字は「絆」でした。この漢字には「人と人がつながる」
8　という意味があります。この年、東日本大震災が起きました。そのとき、日本
9　人は助け合うことがとても大切だと感じて、この漢字を選びました。
10　また、「今年の漢字」には、今までに3回も選ばれた漢字があります。それ
11　は「金」。2000年、2012年、2016年に選ばれました。これらの年にはオリ
12　ンピックが開かれて、日本人選手が金メダルをたくさん取ることができたか
13　らです。
14　「今年の漢字」は、選ばれる理由が一つではない場合も多いです。例えば、
15　2000年の「金」はオリンピックの金メダルだけでなく、新しい500円硬貨や
16　2000円札が作られたことも選ばれた理由になりました。
17　漢字は一字一字に意味があります。一
18　つの文字で言いたいことを伝えることが
19　できるのは漢字のおもしろいところです。
20　みなさんも、漢字1字で何かを伝えて
21　みませんか。

1-03 今年の漢字

問題

❶．「今年の漢字」は、何をどのように表すものですか。

　＿＿＿＿＿＿＿＿＿＿＿＿＿＿＿＿＿＿＿＿＿＿＿＿＿＿＿＿＿＿＿＿表すもの

❷．漢字 1 字で言いたいことが伝えられるのはどうしてですか。「から」を入れて 15 字で書いてください。

												か	ら

❸．下線(かせん)に言葉を入れて、文(ぶん)を完成(かんせい)してください。

「今年の漢字」は毎年①＿＿＿月に、京都の②＿＿＿＿＿寺で発表されます。2011 年に選ばれたのは「③＿＿」でした。この漢字は、人が④＿＿＿＿＿＿＿ことの大切さを表しています。また、「⑤＿＿」のように何回も選ばれる漢字があったり、漢字が選ばれる⑥＿＿＿＿＿が⑦＿＿＿＿＿ではなかったりすることも多いです。

話そう・考えよう

① あなたがこの 1 年間でいちばん印象に残ったことは何ですか。
② 次の中から一つ選んで、漢字 1 字で表してみましょう。
　　1）この 1 年間でいちばん印象に残ったこと
　　2）これからの 1 年間でがんばりたいこと
　　3）あなたが今感じている気持ち

1-04 イノシシやシカを食べよう

> 都会　脂　ダイエット　畑　農家　捕まえる

　日本人が食べる肉は、だいたい牛肉、豚肉、とり肉の3種類。お肉屋さんへ行っても、売っている肉はほとんどこの3種類です。

　けれども最近、イノシシやシカの肉を使った料理を出すお店が、東京などの都会で増えています。イノシシやシカの肉は脂が少ないので、とくにダイエットに気をつけている<u>若い女性の間で人気になっています</u>が、このようなお店が増えている理由は、どうもそれだけではないようです。

　実は今、日本の山ではイノシシやシカの数が増えていて、近くの畑の野菜などが食べられてしまうというとても困ったことが、日本中のいろいろな所で起きています。食べられてしまった野菜などの金額は、1年間でなんと200億円以上。農家の人たちは、一生懸命作った野菜やくだものがこれ以上食べられないように、イノシシやシカを捕まえることにしました。また、捕まえたイノシシやシカを捨ててしまうのではなく、食べ物として大切に扱おうと考える人が増えて、都会でも食べられるようになりました。

　将来、近所のお肉屋さんで普通に買えるようになって、家でおいしく簡単に食べられる料理が知られるようになれば、イノシシやシカの肉は今よりもっと食べられるようになるかもしれません。

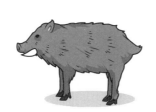

1-04 イノシシやシカを食べよう

問題

❶.「若い女性の間で人気になっています」とありますが、イノシシやシカの肉は、どうして女性に人気があるのですか。

　　_____から。

❷. この文を書いた人は、どうなればイノシシやシカの肉を食べる人が増えると考えていますか。2つ書いてください。

　　・_____こと

　　・_____こと

❸. 下線に言葉を入れて、文を完成してください。

　　最近、東京などの①_____でイノシシやシカの肉を②_____お店が増えている。これは③_____に気をつけている若い女性に④_____があるからだが、理由はそれだけではない。⑤____の野菜などを1年間に⑥_____円以上食べてしまうイノシシやシカを⑦_____、それを⑧_____として⑨_____扱おうと考える人が増えたためだ。

話そう・考えよう

① あなたの国には、数が増えすぎて困っている動物がいますか。
② 国ではよく食べていたのに、日本では食べられないものがありますか。

ようこそ、不人気県へ

都道府県　観光客　一生　(飲み)放題

1　日本には47の都道府県があります。その中で、京都府や北海道は日本人にも外国人にも人気があって、たくさんの観光客が来ています。

3　けれども、佐賀県はどうでしょうか。この文章を読むほとんどの人が、「佐賀県？　初めて聞いた」と言うかもしれません。日本人に聞いても、「佐賀県ってどこ？」「忘れていた」という人がいます。ある調査では、佐賀県は「一生、行かないと思う都道府県」の第1位に選ばれてしまいました。

7　佐賀県には「吉野ヶ里遺跡」や「有田焼」など、日本人ならだれでも知っているものが少なくありません。しかし、それが佐賀のものだと知っている人は多くありません。佐賀県の人たちは「これではいけない」と考えて、牧場の牛乳が無料で飲み放題、みかん園では1キロのおみやげが付いて1000円で食べ放題など、観光客にいろいろなサービスを始めました。

12　佐賀県では、このほかにも ⓐいろいろなサービスを考えてがんばっています。それはたくさんの人に佐賀へ来てそのいいところを知ってもらいたいからです。

14　日本には、それぞれの都道府県に、そこにしかないものがあります。でも ⓑそれは、ⓒそこへ行かなければ本当のよさ、すばらしさがわからないものもあります。ですからみなさんも、観光客が多いところだけでなく、ぜひいろいろなところへ行って、いろいろな日本を知ってください。

21　次の旅行は、どうぞ不人気県へ。

佐賀県はどこですか？

1-05 ようこそ、不人気県へ

問題

❶.本文の内容と合っているものに〇、合わないものに×を書いてください。

① (　) 外国人観光客には、京都より北海道のほうが人気がある。

② (　) 日本人の中にも、佐賀県の場所がわからない人がいる。

③ (　) 佐賀県には、みかんが無料で食べられるところがある。

④ (　) 日本には観光客が少なくても、いいところがある。

⑤ (　) これを書いた人は、人気のない県へも行ってもらいたいと思っている。

❷.「⒜いろいろなサービスを考えてがんばっています。」とありますが、それはどうしてですか。「から」を入れて30字で書いてください。

													か	ら

❸.「⒝それ」、「⒞そこ」は、何ですか。それぞれ9字で書いてください。

⒝それ：|　|　|　|　|　|　|　|　|　|

⒞そこ：|　|　|　|　|　|　|　|　|　|

[左のページの質問の答え：A]

話そう・考えよう

① 日本で、おすすめの場所や印象に残った場所はどこですか。

② 日本で旅行するなら、どこへ行ってみたいですか。

1-06 日本の生活②

感動する　積もる　雪だるま　話しかける　転がす　積む　缶コーヒー

1　わたしはトアンといいます。今日本語学校で勉強しています。アルバイトを
2 しながら勉強していますから、毎日とても忙しいです。
3　この前、東京に雪が降りました。本物の雪を見るのは初めてでしたから、と
4 ても感動しました。夜、アルバイトが終わって帰るころには雪が10センチく
5 らい積もっていました。わたしは、この前テレビで見た雪だるまを作ってみよ
6 うと思いました。でも、雪はとても冷たいし、なかなか大きいボールになりま
7 せん。そのとき、若い日本人の男の人が話しかけてきました。「大きい雪だる
8 まを作りたいんだね。じゃあ教えてあげるから、いっしょに作ろう」
9　男の人はそう言うと、小さいボールを作って雪の上でいろいろな方向に転が
10 しました。すると、ボールはどんどん大きくなりました。それから、大きい雪
11 のボールをもう1つ作って、少し小さいほうを上に積んで、近くにあった石や
12 枝で顔を作ったら、かわいい雪だるまができました。とてもうれしかったので、
13 写真を撮ってすぐ家族に送りました。
14　男の人は「中村さん」という大学生で、東南アジアの文化を勉強していると
15 言いました。わたしたちは温かい缶コーヒーを飲みながら、わたしの国のこと
16 や日本の生活のことをたくさん話しました。そしてまた会う約束をして、別れ
17 ました。
18　わたしの友だちは、「日本人とは友だちになりにくい」と言います。わたし
19 もそう思っていました。だから、わたしのこの経験はとてもめずらしいことか
20 もしれません。
21　今度中村さんに会ったら何を話すか、今から楽しみにしています。

問題

❶.本文の内容と合っているものに〇、合わないものに×を書いてください。

① (　　) トアンさんは、日本へ来る前にも雪だるまを作ったことがある。

② (　　) トアンさんは初め、一人で雪だるまを作ろうと思った。

③ (　　) トアンさんは、日本人に雪だるまの作り方を教えてもらった。

④ (　　) トアンさんは恥ずかしくて、中村さんとあまり話せなかった。

⑤ (　　) トアンさんと中村さんは、この後また会うつもりだ。

❷.どうやって雪だるまを作りましたか。

① まず、＿＿＿＿＿＿＿＿＿＿＿＿＿＿＿＿＿＿＿＿＿＿＿＿＿作って、

＿＿＿＿＿＿＿＿＿＿＿＿＿＿＿＿＿＿＿＿＿＿＿＿＿＿＿＿＿＿＿。

② 次に、＿＿＿＿＿＿＿＿＿＿＿＿＿＿＿＿＿＿＿＿＿＿＿＿＿作って、

＿＿＿＿＿＿＿＿＿＿＿＿＿＿＿＿＿＿＿＿＿＿＿＿＿＿＿＿＿＿＿。

③ 最後に、＿＿＿＿＿＿＿＿＿＿＿＿＿＿＿＿＿＿＿で、＿＿＿＿＿作りました。

❸.「この経験」というのは、どんな経験ですか。

a．日本へ来て、初めてアルバイトをしたこと

b．雪だるまの写真を撮って家族に送ったこと

c．初めて会った日本人と友だちになったこと

d．夜遅い時間に外で缶コーヒーを飲んだこと

話そう・考えよう

① あなたには、日本人の友だちがいますか。どこで知り合いましたか。

② 日本人と友だちになるのは、難しいと思いますか。

ハシビロコウ

> ヘアー・スタイル　ふるさと　アフリカ　湖　開発　減る

　こんにちは、ハシビロコウです。東京の上野動物園に住んでいます。あ、そこのあなた、今わたしを見て、「怖い」とか「気持ち悪い」とか、言いませんでしたか？　失礼な！　これでもわたしを見るために、遠くから上野まで来る人が少なくないんですから。でもまあ、パンダには勝てませんが……

　わたしの人気の理由ですか？　それはやっぱりこの顔と、ヘアー・スタイルでしょう。これがかわいいと言ってくれる人、少なくないんですよ。

　それから、「動かないこと」も人気の理由ですね。わたしのふるさと、アフリカの湖には肺魚という魚がいて、それがわたしたちの食べ物です。その肺魚が水の上のほうに上がってくるまで、わたしたちは動かないで何時間も待っていなければなりません。そのため、わたしたちは「動かないこと」が習慣になってしまったんです。

　ところで、最近はわたしのふるさとでも開発が進んで、湖が畑になったり、人が食べるために育てた魚に食べられたりして、肺魚の数が減っています。それが原因で、わたしたちハシビロコウも減っています。人間にはいいことかもしれませんが、仲間たちはとても困っています。ですからわたしを見たら、そういうことも思い出してくださいね。

　それでは！

1-07 ハシビロコウ

問題

❶. ハシビロコウが動かないことが習慣になったのは、どうしてですか。「から」を入れて42字で書いてください。

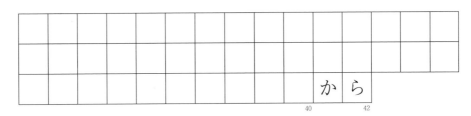

❷. ハシビロコウの食べ物が減っている理由は何ですか。2つ書いてください。

・＿＿＿＿＿＿＿＿＿＿＿＿＿＿＿＿＿＿＿＿＿＿＿＿こと

・＿＿＿＿＿＿＿＿＿＿＿＿＿＿＿＿＿＿＿＿＿＿＿＿こと

❸. 下線に言葉を入れて、文を完成してください。

ハシビロコウの①＿＿＿＿＿の理由は、ちょっと怖い②＿＿と③＿＿＿＿＿＿＿、それから④＿＿＿＿＿＿ことだ。⑤＿＿＿＿＿には勝てないけれども、ハシビロコウを⑥＿＿＿＿ために、動物園へ⑦＿＿＿＿人は⑧＿＿＿＿＿ない。

話そう・考えよう

① あなたの国の動物園では、どんな動物が人気ですか。
② あなたの国にも、将来いなくなりそうな動物がいますか。

ビブリオ・バトル

読書　イベント　発表者　投票する　優勝　力がつく

　あなたは1か月に何冊、本を読みますか。今、16歳以上の日本人で1か月に1冊も本を読まない人が47.5％もいるそうです。また、1日の読書時間がゼロの大学生は49.1％もいます。今の日本人は勉強や仕事で忙しいとか、インターネットやゲームに時間を使っているとか、本を読まない理由はいろいろありますが、読書のすばらしさを知らない人が増えているのは残念だと思います。

　でも、こんなイベントが広がったら、本を読む人が増えるかもしれません。それは「ビブリオ・バトル」。参加者の中から発表者を決めて、一人5分間でおすすめの本を紹介します。それを聞いた人たちは読みたいと思った本に投票します。そして、いちばん投票が多かった人が優勝です。わたしが参加したときは、本屋の店員さんが6人、小説から漫画までいろいろな種類の本を紹介しました。本に詳しい人たちですから、どの発表もとてもおもしろくて、だれに投票するか迷ってしまいました。

　ビブリオ・バトルには誰でも参加できます。発表者になることも、もちろんできます。最近は学生たちに本を読んでもらうために、学校でビブリオ・バトルが開かれることも増えています。

　本を読むと、今まで知らなかった世界を知ることができます。考える力もつきます。みなさんもビブリオ・バトルで、新しい本に出会うチャンスを作りませんか。

問題

❶. 本文の内容と合っているものに〇、合わないものに×を書いてください。

　　　① (　　) 日本の大学生の47.5%が、1か月に1冊も本を読まない。

　　　② (　　) 最近、インターネットで読書をする日本人が増えている。

　　　③ (　　) この文を書いた人は、ビブリオ・バトルに参加したことがある。

　　　④ (　　) ビブリオ・バトルは、新しい本に出会うチャンスになる。

　　　⑤ (　　) この文を書いた人は、本を読む人が減って残念だと思っている。

❷. この人が考える「読書のすばらしさ」は何ですか。2つ書いてください。

　　・＿＿＿＿＿＿＿＿＿＿＿＿＿＿＿＿＿＿＿＿＿＿＿＿＿＿＿＿＿＿＿＿こと

　　・＿＿＿＿＿＿＿＿＿＿＿＿＿＿＿＿＿＿＿＿＿＿＿＿＿＿＿＿＿＿＿＿こと

❸.「ビブリオ・バトル」について、正しいものを1つ選んでください。

　　　a．紹介する本は、小説でなくてもいい。

　　　b．5分間で全部終わるので、簡単にできる。

　　　c．発表者になれるのは、本に詳しい人だけだ。

　　　d．聞く人が知らない本を紹介した人が優勝する。

話そう・考えよう

① あなたは1か月に何冊ぐらい、本を読みますか。
② あなたのおすすめの本を紹介してください。

今どきの女子高校生

> めい　制服　修学旅行　スカート　がまんする　うらやましい

1　２月のある日、高校生のめいが学校の制服を着て、修学旅行のお土産を持っ
2　て来ました。短いスカートと短いくつ下、首にはマフラーをしていて、顔の半
3　分が見えません。街でよく見る女子高校生が、そこに立っていました。
4　　修学旅行は海外だと聞いてびっくりしましたが、初めての海外旅行で経験し
5　たことを楽しそうに話してくれました。
6　　そのとき、わたしはちょっと気になったことを聞きました。
7　「ねえ、修学旅行にも、そんな短いスカートをはいて行ったの？」
8　「ちがうよ。学校にいるときは、こうするんだよ」
9　　そう言うと、あっという間にひざが見えなくなりました。
10　「学校を出たら、スカートの上を折って短くするの。女子高校生はみんなやっ
11　ているよ」
12　「でも、寒くないの？」
13　「寒いけど、がまんするの」と言って、こう説明してくれました。
14　「制服が着られるのは高校生までだよ。卒業したら、もう着られない。わたし
15　たちはね、高校生の今しかできないことを楽しんでいるの。スカートもくつ下
16　も短いほうがカワイイでしょ」
17　　わたしたち大人が「変だ」と思うことでも、高校生には高校生の理由がある
18　のだと思いました。今を楽しんでいると明るく話すめいが、ⓐ少しうらやまし
19　くなりました。
20　「おばさんも今を楽しまないとだめだよ」
21　　めいにそう言われて、わたしはⓑ「そうだよね」と心の中で答えていました。

問題

❶. 本文の内容と合っているものに○、合わないものに×を書いてください。

　　① (　　) 「わたし」も高校生のとき、修学旅行で初めて海外へ行った。
　　② (　　) 学校にいるとき、めいはスカートを短くして、はいている。
　　③ (　　) めいは冬に短いスカートをはいても、寒いと思っていない。
　　④ (　　) 学校の中と外でスカートの長さを変えるのは、めいだけではない。
　　⑤ (　　) 「わたし」は冬に短いスカートをはくのは、変だと思っていた。

❷.「ⓐ少しうらやましくなりました」とありますが、それはどうしてですか。1つ選んでください。

　　a. 「わたし」が高校生のときは、制服が着られなかったから。
　　b. 「わたし」が高校生のときの修学旅行は、国内だったから。
　　c. めいが、寒くても短いスカートでいられるくらい健康だから。
　　d. めいが、高校生の今しか楽しめないことを楽しんでいるから。

❸「ⓑ『そうだよね』と心の中で答えていました」とありますが、「わたし」はこのとき、どう思いましたか。本文から探して、11字で書いてください。

|　|　|　|　|　|　|　|　|　|　|　|

話そう・考えよう

① 学生は制服を着たほうがいいと思いますか。
② 日本の若者のファッションについて、どう思いますか。

1-10 デートのお金はだれが出す？

独身　恋愛　割り勘

　恋人と食事をしたり、お茶を飲んだりするとき、あなたの国では男性と女性、どちらがお金を出しますか。

　結婚相手を紹介するサービスを行っている会社が毎年、20歳になる独身の日本人男女に恋愛についてのアンケート調査を行っています。その中に、デートのときのお金の払い方についての質問もありますが、答えはどうだったと思いますか。

　2016年に行われた調査によると、「割り勘がいい」と答えた人が男女合わせた全体で45.7％といちばん多く、「男性のほうが少し多く払ったほうがいい」が39.8％、そして「男性が全部払ったほうがいい」は13.2％でした。この中で、前の年とくらべていちばん変化が大きかったのが「割り勘がいい」と答えた女性の割合です。36.3％から53.0％に増えて、半分以上の女性が「割り勘がいい」と考えるようになっています（男性は37.7％→38.3％）。これはどうしてでしょうか。調査を行った会社の人は、「できるだけ女性にはお金を払わせたくないと考える男性は今も少なくないが、それよりも、男性も自分たちと同じ立場でいてほしいと考える女性が増えているからだろう」と話しています。

　日本では、夫の給料だけで家族の生活を支えるという時代が続きました。けれども、最近はそれが難しくなっています。また、自分も男性と同じように働きたいと考える女性が増えました。調査の結果を見ると、<u>社会のそのような変化</u>が、若い男女のデートのお金の払い方にも影響しているようです。

（参考：㈱オーネット「第21回新成人意識調査（2016年）」「第22回新成人意識調査（2017年）」）

問題

❶ 本文を読んで、表に入る数字を書いてください。

	全体	男性	女性
割り勘がいい	① 　　%	② 　　%	③ 　　%
男性のほうが少し多く払ったほうがいい	④ 　　%	43.7%	36.0%
男性が全部払ったほうがいい	⑤ 　　%	17.0%	9.3%

❷ 「社会のそのような変化」とありますが、どのような変化ですか。本文から探して、それぞれ25字で2つ書いてください。

		こ	と	が	難	し	く	な	っ	た														
																				増	え	た		

❸ 下線に言葉を入れて、文を完成してください。

恋愛について①＿＿＿＿年に行われた②＿＿＿＿＿＿＿＿＿＿調査によると、③＿＿性では④＿＿＿＿＿＿のときのお金は「割り勘がいい」と答えた人がいちばん多くて⑤＿＿＿＿％、⑥＿＿性では「⑦＿＿性のほうが少し多く払ったほうがいい」と答えた人がいちばん多くて43.7％だった。全体では「⑧＿＿＿＿＿＿＿＿がいい」と答えた人がいちばん多くて⑨＿＿＿＿％だった。

話そう・考えよう

① この調査結果を見て、どう思いますか。あなたの国ともくらべてください。
② あなたの国では結婚したあと、家族のお金の使い方はだれが決めていますか。

1-11 日本の生活③

> 交換留学　緊張する　ホストファミリー　大ファン

1　わたしはラムです。わたしの好きな日本のものについてお話しします。
2　交換留学で初めて日本へ来たときのことです。最初の日、わたしはとても緊
3　張していました。でも、ホストファミリーのお父さんとお母さんはとてもやさ
4　しくて、安心しました。日本語は難しかったですが、お茶を飲みながら、家族
5　の写真を見せたり、国の料理について話したりしました。しばらくしてトイレ
6　へ行きましたが、わたしはそこでとても困ってしまいました。
7　水を流そうと思ってボタンを押したら、水は流れず、ザーザーと変な音が鳴
8　り始めました。ほかのボタンを押したら、今度は水が上に向かって勢いよく出
9　てきたので、わたしは「きゃーっ」と大きな声を出してしまいました。お母さ
10　んはわたしの声に驚いてトイレの前まで来て、「どうしたの？　ラムさん、大
11　丈夫？」と聞いてきました。わたしはお母さんにドアの外から水の流し方を教
12　えてもらって、無事トイレから出ることができました。
13　ある日、お母さんがトイレについて教えてくれました。「ラムさん、トイレ
14　をきれいにすると、幸せになれるのよ」お母さんは、毎日トイレを掃除します。
15　そして掃除が終わると「ああ、気持ちいい」と言っていました。
16　日本のトイレはすばらしいと思います。それ
17　は、トイレをもっと便利に、気持ちよく使うた
18　めの最新技術と、トイレを大切にして、きれい
19　に使おうという昔からの心があるからです。
20　わたしは、日本のトイレの大ファンです。

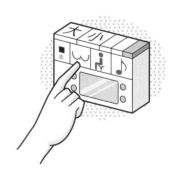

問題

❶. 本文の内容と合っているものに○、合わないものに×を書いてください。

① (　　) ラムさんは旅行で初めて日本へ来た。

② (　　) ラムさんはホストファミリーと日本語で話せなかった。

③ (　　) ラムさんはトイレで最初にザーザー音が鳴るボタンを押した。

④ (　　) ラムさんが大きな声を出したとき、お父さんがトイレの前へ来た。

⑤ (　　) ラムさんはお母さんにトイレをきれいにすると幸せになると教えてもらった。

❷.「困ってしまいました。」とありますが、それはどうしてですか。

| | | | | | | | | | わ | か | ら | な |
| か | っ | た | か | ら | | | | | | | | |

❸. ラムさんが日本のトイレのすばらしいと思うところを2つ書いてください。

・＿＿＿＿＿＿＿＿＿＿＿＿＿＿＿＿＿＿＿＿＿＿＿＿＿＿

・＿＿＿＿＿＿＿＿＿＿＿＿＿＿＿＿＿＿＿＿＿＿＿＿＿＿

話そう・考えよう

① あなたは、何かのやり方や使い方がわからなくて困ったことがありますか。

② 日本へ来て、「便利だ」「とてもいい」と思ったものは何ですか。

「親切な店員さん」

お似合い　ロボット　画面　ほっとする　似合う　ひとりごと

1 　「いらっしゃいませ。何かお探しですか」「そ
2 ちらは新作です。お似合いですよ」「ほかの色
3 もございますので、おっしゃってください」
4 　デパートで買い物をするとよく、店員さんが
5 いろいろ話しかけてきます。わたしは⒜これが苦手です。話していると、だん
6 だん「買わなければいけないかな」と思ってしまうからです。店員さんは客
7 のためにいろいろ話していると思っているけれど、客のわたしはかなり迷惑。
8 「もっと自由に買い物を楽しみたいなあ」いつもそう思っていました。

9 　ある日、デパートへ行くと、いつもの店員さんの姿が見えませんでした。そ
10 の代わりにかわいいロボットが立っていたのです。近づくと、「イラッシャイ
11 マセ」と元気な声で言ってくれました。体には画面が付いていて、売り場やサ
12 イズが調べられるようになっています。買い物に必要な情報はこのロボットで
13 調べればわかるし、ずっと話しかけてくる店員さんはいないし、これでやっと
14 自由に買い物ができると思いました。わたしはほっとして、早速洋服を選び始
15 めました。
16 　「う〜ん。青いのと白いのと、どっちが似合うかなあ」
17 　わたしがひとりごとを言いながら選んでいると、声が近づいてきました。
18 　「オキャクサマー‼　オキャクサマニハ、シロイホウガニアウトオモイマスヨ。
19 ソレニイマナラ20パーセントオフデス。イカガデスカ？」
20 　ああ、残念。このロボットも⒝「親切な店員さん」のようです。

1-12「親切な店員さん」

問題

❶. 本文の内容と合っているものに○、合わないものに×を書いてください。

①（　　）「わたし」はデパートで自由に買い物できないことが多い。

②（　　）デパートの店員はロボットの使い方を親切に教えてくれた。

③（　　）「わたし」はロボットの画面を使って、洋服を選び始めた。

④（　　）「わたし」はいつも話しかけてくる店員がいなくてほっとした。

⑤（　　）「わたし」は店員よりロボットのほうが親切だと思っている。

❷.「ⓐこれが苦手です」とありますが、

（ア）何が苦手なのですか。

_____こと

（イ）どうして苦手なのですか。

_____から。

❸.「ⓑ親切な店員さん」というのは、どんな店員ですか。

自分は_____けれど、

客には_____と思われている店員

話そう・考えよう

① 「親切な店員さん」に会ったことがありますか。会ったことがある人は、どう思いましたか。
② 日本の店のサービスで、自分の国にもあったらいいと思うものがありますか。

コミックマーケット

漫画　アニメ　ゲーム　イベント　サークル
プロ　手作り　コスプレ　キャラクター

　「日本の漫画とアニメが大好きで、日本語の勉強を始めました」「ゲームを作る専門学校へ行きたいです」日本へ来る外国人留学生の中にも、最近そういう人たちが増えています。そして、そのようなアニメや漫画、ゲームが好きな人たちが集まる日本で最大のイベントが「コミックマーケット」です。

　コミックマーケットは毎年2回、夏と冬に開かれていて、一度に50万人以上が集まります。どうしてこんなに多くの人が集まるのでしょうか。それは街のお店にはない、ここでだけ買えるものがあるからです。コミックマーケットでは、「サークル」と呼ばれるグループや、一人で小さなお店を出していることが多いです。この人たちはプロではありません。そのため、商品は手作りに近くて、一度にたくさん作って売ることができません。ですから、ほしい人はコミックマーケットまで来て、買っているのです。

　また、「コミックマーケットには『お客さん』はいない。売る人も買う人も、会場にいる人全員が『参加者』だから、みんなでイベントを楽しいものにしなければならない」というルールがあります。そのため、そこへ来る人みんなが仲間になれるのも、コミックマーケットに人が集まる理由です。それから、参加者の中には「コスプレ」といって、ゲームやアニメのキャラクターと同じ姿になって楽しんでいる人も少なくありません。

　漫画、アニメ、それからゲームでいっぱいのコミックマーケット。あなたも一度、参加してみませんか。

1-13 コミックマーケット

問題

❶. コミックマーケットの説明で正しいものを、1つ選んでください。

　　　a．いつも一度に50万人以上の外国人留学生が集まる。

　　　b．「サークル」と呼ばれるグループだけがお店を出せる。

　　　c．参加する人は全員「コスプレ」をしなければならない。

　　　d．プロではない人もお店を出して商品を売ることができる。

❷. コミックマーケットに人が集まる理由は何ですか。「こと」を入れて15字で2つ書いてください。

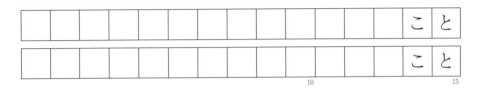

❸. 下線に言葉を入れて、文を完成してください。

コミックマーケットは毎年①＿＿＿＿回開かれ、一度に②＿＿＿＿＿＿人以上が集まる。コミックマーケットには、③＿＿＿＿にいる人は全員④＿＿＿＿＿で、⑤＿＿＿＿＿＿はいないという⑥＿＿＿＿＿がある。そのため、⑦＿＿＿＿＿の中には、⑧＿＿＿＿＿＿をして楽しんでいる人も少なくない。

＊「コミックマーケット」は有限会社コミケットの登録商標です。

話そう・考えよう

① あなたが好きな漫画やアニメ、ゲームを紹介してください。
② あなたの国で多くの人が集まるイベントには、どんなものがありますか。

変化を続けるバレンタインデー

> チョコレート　告白　義理　上司　同僚　本命　俺　ライバル

　みなさんの国では2月14日に、何か特別なことがありますか。日本では毎年この日になると、とくに学校ではちょっと変な、落ち着かない感じになります。だれがだれにチョコレートをあげるのか。女の子は、相手にどうやってチョコレートを渡すか。男の子は、自分にチョコレートをくれる子がいるのか……

　そう、この日はバレンタインデー。日本では、1950年代の終わりごろから、女性が男性にチョコレートをプレゼントして、愛の告白をしてもいい日といわれるようになりました。愛の告白は男性から女性にするのが当たり前といわれていた時代に、当時の男女はそれを女性がしてもいいということを新鮮に感じて、全国に広がったといいます。

　バレンタインチョコには、その後いろいろな「〇〇チョコ」が生まれます。まずは義理チョコ。これは職場の男性の上司や同僚、男友だちにあげるものですが、チョコがもらえそうもない男性をかわいそうだと思う気持ちも入っていました。それとともに、本当に好きな相手にあげる本命チョコという言葉も生まれました。

　最近では、義理チョコが減った代わりに、女友だちにあげる友チョコ、自分にプレゼントする自分チョコ、お世話になった人に感謝する世話チョコがあります。

　また、男性がチョコを贈る例も増えています。例えば、好きな女性に贈る逆チョコ、自分のために買う俺チョコ、そしてライバルに贈る強敵チョコなどもあるそうです。

　変化を続けるバレンタインデー。今年はどんなチョコが人気ですか。

1-14 変化を続けるバレンタインデー

問題

❶. バレンタインデーが日本で広がったのはどうしてですか。「から」を入れて27字で書いてください。

										か	ら	

❷. 義理チョコの説明で、本文と合わないものはどれですか。1つ選んでください。

　　a．職場の上司や同僚などにあげるものだった。
　　b．最近は世話チョコと呼ぶ人のほうが増えた。
　　c．本命チョコとだいたい同じころに生まれた。
　　d．相手をかわいそうだと思う気持ちもあった。

❸. 下線に言葉を入れて、文を完成してください。

日本のバレンタインデーは、①＿＿性が②＿＿性に③＿＿の④＿＿＿＿をしてもいい日として広がった。最近⑤＿＿＿＿チョコは減ったが、女性が自分のために買う⑥＿＿＿＿チョコや、男性が好きな女性に贈る⑦＿＿チョコなど、いろいろな形の⑧＿＿＿＿＿＿＿＿＿チョコが、今も生まれている。

話そう・考えよう

① あなたの国では、だれかに何か贈り物をする日がありますか。
② あなたの国には、毎年何か特別なことをする日がありますか。

1-15 化粧の力

> エステ　ネイル　エチケット　やる気

「わたしは1か月、平均5000円から10000円」

「わたしは3000円くらいかな。1000円くらいの月もある」

「わたしはエステやネイルへ行くから50000円以上。きれいになれたら、50000円でも高くない」

これは、女性に「化粧品や美容院などに、1か月どのくらいお金を使いますか？」と聞いたときの答えです。その結果、いちばん多かったのは10000円から20000円という答えでした。

どうして人は化粧をするのでしょうか。きれいになりたいから、社会人のエチケット、毎日の習慣だからなど、いろいろな意見があると思いますが、実は化粧にはやる気が出る、楽しい気持ちになるなど、心にいい効果があるそうです。デートや就職試験の日に化粧をすると、楽しい気持ちになったり、「よし、がんばろう」と思ったりしませんか。

心だけではありません。化粧は体にもいい効果があるそうです。

どうすればもっときれいになるか、考えながら化粧するので、頭が働くようになります。また、細かい作業で手や指がよく動くようになります。

ある化粧品会社が、最近化粧をしなくなったお年寄りに、毎日化粧をしてもらう実験をしました。すると、よく笑うようになったとか、おしゃべりが増えたなどの結果が出たそうです。

心も体も元気にする化粧。女性が男性より長生きなのは、化粧をするからかもしれません。

問題

❶. 本文の内容と合っているものに○、合わないものに×を書いてください。

① (　　) 化粧などに1か月50000円以上お金を使う人もいる。

② (　　) 化粧などに使うお金は1か月10000円ぐらいがいい。

③ (　　) 化粧をするのは、きれいになるためだけではない。

④ (　　) 化粧をすると、心にも体にもいい効果がある。

⑤ (　　) 男性も長生きするために、化粧をしたほうがいい。

❷. 化粧をすると、体にどんないい効果がありますか。2つ書いてください。

・＿＿＿＿＿＿＿＿＿＿＿＿＿＿＿＿＿＿＿＿＿＿＿＿＿＿＿なる。

・＿＿＿＿＿＿＿＿＿＿＿＿＿＿＿＿＿＿＿＿＿＿＿＿＿＿＿なる。

❸. 化粧品会社は、だれに、どんな実験をして、どんな結果が出ましたか。

だれに：＿＿＿＿＿＿＿＿＿＿＿＿＿＿＿＿＿＿＿＿＿＿＿＿＿

どんな実験：＿＿＿＿＿＿＿＿＿＿＿＿＿＿＿＿実験

どんな結果：＿＿＿＿＿＿＿＿＿＿＿＿＿＿＿＿＿＿＿＿＿＿

＿＿＿＿＿＿＿＿＿＿＿＿＿＿＿＿＿＿＿＿＿＿など。

話そう・考えよう

① あなたはどんなときに化粧をしたり、おしゃれをしたりしますか。そのときどんな気持ちになりますか。

② あなたは、何をすると元気が出ますか。

1-16 日本の生活④

> 居酒屋　アルバイト　スタッフ　店長　叱る

　わたしは留学生のリーです。日本へ来てから1年になります。今、大学に入るために日本語学校で勉強しながら、居酒屋でアルバイトをしています。

　わたしたちスタッフは、店長にいつも「いちばん大切なのはお客様」と言われています。それから、スタッフの半分以上が外国人なので、仕事中はお客様にていねいな日本語で話すようにと言われています。

　ある日、会社員のお客様がグループでいらっしゃいました。その中に一人、中国人のお客様がいらっしゃって、わたしに中国語で話しかけてきました。中国人のお客様は「日本へ来てまだ3か月だから、日本語がわからなくて大変だ」とおっしゃっていました。そして、しばらく中国語で話をしたあと、「大学に合格できるといいね。がんばってね」と言われて、とても温かい気持ちになりました。

　ところが、その日のアルバイトが終わったあと、わたしは店長にひどく叱られてしまいました。そのとき店長は、「リーさん、仕事中は日本語で話すというルールを忘れたの？　お店のルールを守らないなら、やめてもらうよ」と言いました。

　店長はいつも、「いちばん大切なのはお客様」と言っていますし、わたしもそう思います。だからわたしは、日本語がわからないお客様のために中国語で話をしたのに、どうして叱られなければならないのでしょうか。わたしは何か悪いことをしましたか。

1-16 日本の生活④

問題

❶. 本文の内容と合っているものに○、合わないものに×を書いてください。

① (　) リーさんは今、大学の1年生で、日本語を勉強している。

② (　) 外国人のアルバイト・スタッフは、リーさん一人だけだ。

③ (　) この日お店へ来た会社員のグループは、みんな中国人だった。

④ (　) 中国人のお客は、リーさんと話をして温かい気持ちになった。

⑤ (　) 店長もリーさんも、「いちばん大切なのはお客様」と思っている。

❷. リーさんは、どうして中国語で話をしましたか。20字で書いてください。

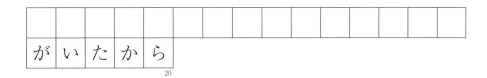

❸. 店長は、どうしてリーさんを叱りましたか。25字で書いてください。

話そう・考えよう

① あなたはこの話を読んで、どう思いましたか。
② 日本へ来て、「不思議だ」「どうして？」と思った習慣やルールがありますか。

1-17 本当の忍者

忍者服　天井裏　床下　敵　盗み聞く　忍術　戦う　目立つ

夜中、黒い忍者服を着て走り、天井裏や床下で敵の情報を盗み聞き、敵に見つかるといろいろな忍術を使って戦い、そしてあっという間に消えてしまう…
忍者について、今でも多くの人がこのように考えています。しかし、本当の忍者はこれとはずいぶん違うことが、最近の研究で少しずつわかってきました。

忍者の仕事は敵の情報を盗むこと。これは本当ですが、その方法は夜中に敵の家の天井裏や床下で盗み聞くより、昼も夜も関係なく、町や村でいろいろな人たちとおしゃべりして情報を集めることのほうがずっと多かったそうです。ですから、忍者にまず必要なのは、おしゃべり上手なことでした。服も黒い忍者服ではなく、普通の人と同じようなものを着ていました。また、「忍者は戦う」というのも、少し違うようです。もし戦って死んでしまえば、大切な情報を持って帰ることはできません。ですから本当の忍者は、目立たず戦わないで逃げることが重要でした。

忍者については、今もわからないことがたくさんあります。そしてそのことが、時代によっていろいろな忍者が描かれ、人々に愛され続ける理由にもなっています。また、忍者たちが「忍ぶ心＝苦しいときも我慢する心」を大切にしたことも、忍者が今も愛されている理由だと思います。なぜならそれは、日本人が昔から大切にしてきたものだからです。

1-17 本当の忍者

問題

❶. 本文の内容と合っているものに○、合わないものに×を書いてください。

① (　) 今でも多くの人が、忍者は夜に仕事をすると考えている。

② (　) 多くの人が考える忍者と本当の忍者とは、ずいぶん違う。

③ (　) 本当の忍者の仕事は、敵の情報を盗むことではなかった。

④ (　) 本当の忍者は、敵の家へ行って情報を盗むことはなかった。

⑤ (　) 今の日本人はだれも「忍ぶ心」を大切だと思っていない。

❷. 本当の忍者が仕事をするときに必要なことは何でしたか。2つ書いてください。

・＿＿＿＿＿＿＿＿＿＿＿＿＿＿＿＿＿＿＿＿＿＿＿＿＿＿＿＿＿＿＿＿こと

・＿＿＿＿＿＿＿＿＿＿＿＿＿＿＿＿＿＿＿＿＿＿＿＿＿＿＿＿＿＿＿＿こと

❸. これを書いた人は、忍者が今も愛されているのはどうしてだと考えていますか。2つ書いてください。

・忍者＿＿＿＿＿＿＿＿＿＿＿＿＿＿＿＿＿＿＿＿＿＿＿＿＿＿＿＿から。

・忍者＿＿＿＿＿＿＿＿＿＿＿＿＿＿＿＿＿＿＿＿＿＿＿＿＿＿＿＿から。

話そう・考えよう

① あなたは忍者について、どんなことを知っていましたか。

② 「本当の忍者」を読んで、はじめて知ったことは何ですか。それについて、どう思いますか。

握り寿司、しょう油のつけ方は？

> 和食　ネタ　シャリ　マナー　舌
> ひっくり返す　生臭さ　生魚　傷む

　和食の代表、握り寿司。あなたはネタとシャリ、どちらにしょう油をつけて、食べますか。

　今のマナーでは、ネタにしょう油をつけて食べるのが正解。なぜかというと、シャリをしょう油につけてお米がバラバラになってしまった場合、きれいに見えないというのが理由の一つ。それに、ネタを下にしてしょう油をつけ、口の中に入れれば、ネタの味を直接舌で楽しむことができるというのが理由の二つ目。自分もまわりの人も、おいしくいただけるやり方です。お寿司屋さんの中には、このマナーを守らないと、いやな顔をする人もいるそうです。

　けれども、お客さんがおいしく食べてくれれば、しょう油をネタにつけても、シャリにつけても、両方につけても、ご自由にどうぞというお寿司屋さんも少なくありません。ネタを上にして出された寿司をひっくり返してしょう油につけるのは、箸の使い方に慣れていなければ難しいことですし、魚の生臭さが苦手な人には、シャリのほうがしょう油を多くつけられて、気にならなくなるということもあるでしょう。ですから、わたしもこれは自由でいいだろうと思います。

　それに、ネタを下にして食べたのは、ネタの味を楽しむというよりも、まだ冷蔵庫がなくて生魚が傷みやすかった時代、ネタが傷んでいないかどうかを舌でチェックするためだったという話もあります。

　自分もまわりの人も、気持ちよく過ごすためにあるマナー。寿司が世界中で食べられるようになるとともに、そのマナーも変化していくのかもしれません。

1-18 握り寿司、しょう油のつけ方は？

問題

❶．握り寿司のネタを下にして食べる理由にあてはまらないものを1つ選んでください。

　　　a．ネタの味を直接舌で楽しんで食べるため

　　　b．シャリがバラバラにならないようにするため

　　　c．和食を食べるときの箸の使い方に慣れるため

　　　d．ネタが傷んでいないかどうかチェックするため

❷．「気にならなくなる」とありますが、何が「気にならなくなる」のですか。

　　_____が気にならなくなる。

❸．この文章を書いた人は、マナーを何のためのものだと考えていますか。

　　_____ためのもの

❹．下線に言葉を入れて、文を完成してください。

　　握り寿司を食べるときは①_____に②_____をつけて食べるのがマナーだ。それを守らないと③_____な顔をする人もいる。けれどもこれは、④_____が傷んでいないか⑤_____するためだったという話もある。箸の⑥_____に慣れていない人や、⑦____の生臭さが苦手な人のことを考えれば、⑧_____のつけ方は⑨_____でいい。

話そう・考えよう

① 日本の食事のマナーで知っていること、おもしろいと思ったことは何ですか。
② あなたの国には、どんな食事のマナーがありますか。

1-19 くまモン ーがんばれ熊本ー

失う　心の支え　キャラクター　応援する　イベント　東北地方

1　2016年4月、熊本県でたいへん大きな地震が起きました。この地震で多く
2　の人が亡くなり、住む家を失いました。そのとき、熊本の人たちの心の支えに
3　なったのが「くまモン」です。

4　くまモンは熊本県を多くの人たちに知ってもらうためのキャラクターで、
5　2011年3月に九州新幹線が全線開業するとき、生まれました。初めのころ
6　は「熊本にクマはいないのに」とか「顔が怖い」などの意見もありました。け
7　れども、熊本を知ってもらうために日本全国へ出かけて行って、大きな体で一
8　生懸命「くまモン体操」をする姿や、許可を取ればだれでもその絵を無料で
9　使えるという広い心に愛情を感じる人がだんだん増えて、熊本はもちろん、日
10　本中で人気者になりました。

11　そんなときに起きた、熊本の大地震。
12　熊本を応援する活動に使う場合は、県に届け出るだけでくまモンの絵が使え
13　るようになりました。また、くまモン自身も多くの熊本応援イベントに参加し、
14　1か月で400以上のイベントに出たこともありました。

15　熊本のために今もがんばるくまモン。けれども、
16　大地震でそれまでの生活を壊された人たちは、熊
17　本だけではなく、東北地方にもおおぜいいます。
18　くまモンはそこへも何度も出かけて行って、応援
19　を続けています。
20　わたしたちもくまモンのように、熊本や東北の
21　ために何かできることを考えてみませんか。

©2010 熊本県くまモン #K35420

1-19 くまモン －がんばれ熊本－

問題

❶．くまモンのどんな点に愛情を感じる人が多かったですか。本文から2つ探して、それぞれ「こと」を入れて22字で書いてください。

				こ	と						

				こ	と						

❷．くまモンの絵について、熊本の大地震の前と後とで、どう変わりましたか。

　　a．「怖い」と言う人より「かわいい」と言う人が増えた。
　　b．熊本県の中だけでなく、日本中で使われるようになった。
　　c．熊本県に住んでいる人や会社だけが無料で使えることになった。
　　d．熊本を応援する活動なら、県に届け出るだけで使えるようになった。

❸．下線に言葉を入れて、文を完成してください。

　　くまモンが生まれたのは①_____年3月の九州新幹線全線開業のとき。「②____が③_____」などの意見もあったが、だんだん④_____になって、熊本で⑤_____が起きたときには、⑥_____の人たちの⑦_____になった。くまモンは⑧_____地方へも応援に行っている。

話そう・考えよう

① あなたはどんなキャラクター（くまモン、ピカチュウなど）が好きですか。
② あなたは、地震など災害にあった人たちのために何ができると思いますか。

人間にしかできない仕事

> 介護施設　ロボット　開発　恥ずかしい　けんか　勝手に

1 　　介護施設で働きながら、日本語を勉強している学生たちと話していたときの
2 ことです。私は、「最近は介護ロボットの開発が進んでいますね。㊁ロボット
3 があったら、どんないいことがあると思いますか」と聞きました。すると、「ロ
4 ボットなら、トイレやお風呂のときに、お年寄りが恥ずかしい思いをしなくて
5 いいと思います」という答えが返ってきました。また、「㊁ロボットの開発が
6 いくら進んでも、お年寄りのけんかの相手はしてあげられないと思いますよ」
7 と言う学生もいました。

8 　　わたしは、年を取ったらそんな恥ずかしい気持ちはなくなるだろうと勝手に
9 思っていましたし、お年寄りはけんかをするより、静かな心で生活することの
10 ほうが大切だと思っていました。ですから、学生たちの答えにびっくりしまし
11 た。

12 　　学生たちは、「お風呂やトイレのお手伝いをするとき、お年寄りはとても恥
13 ずかしがるので、かわいそうになります」とか、「お年寄りが怒ったり笑った
14 り、いろいろな気持ちを表現することはとても大切なことです。でも、ロボッ
15 トがそういう気持ちを本当に理解して話し相手になることは難しいと思いま
16 す」など、いろいろな話をしてくれました。

17 　　学生と話すまで、わたしは仕事が楽になるとか、はやく終わるとか、そうい
18 う答えが返ってくると考えていました。確かにそれはいいことです。でも、ど
19 んなに技術が進んでも、ロボットやコンピューターにはできない仕事があるの
20 ではないか。学生たちの話は、私にそんなことを考えさせてくれました。

問題

❶.本文の内容と合っているものに○、合わないものに×を書いてください。

① （　　）学生たちはみんな、介護にロボットは必要ないと考えている。

② （　　）介護施設では、お風呂やトイレでよくけんかが起きる。

③ （　　）怒ったりけんかしたりすることは、お年寄りにも大切だ。

④ （　　）「わたし」は、介護されるお年寄りの気持ちを知らなかった。

⑤ （　　）機械やコンピューターにできない仕事はなくなるだろう。

❷.「ⓐロボットがあったら、どんないいことがあると思いますか」とありますが、学生の話を聞く前に「わたし」が考えていた、「ロボットのいいこと」はどんなことですか。2つ書いてください。

・_____。

・_____。

❸.「ⓑロボットの開発がいくら進んでも、お年寄りのけんかの相手はしてあげられない」とありますが、この学生がそう考えるのはどうしてですか。

a．ロボットはけんかで使う言葉をおぼえることができないから。

b．ロボットは人のいろいろな気持ちを理解することができないから。

c．ロボットは介護されるお年寄りをかわいそうだと思っているから。

d．ロボットはけんかをするより静かな心で生活するほうがいいと考えているから。

話そう・考えよう

① あなたの国では、お年寄りはどんな生活をしている人が多いですか。
② 「人間にしかできない仕事」には、どんなものがあると思いますか。

1-21 日本の生活⑤

就職する　新入社員研修　上司　アドバイス
スムーズに　トラブル　解決する

　わたしは日本の会社に就職して3年目のジョンです。今日は「ほうれんそう」についてお話ししたいと思います。「ほうれんそう？　スーパーで売っている野菜でしょう？」そのとおり。ほうれん草は、野菜の名前です。でも、ここでお話ししたいのは、もうひとつの「ほうれんそう」です。わたしはこの「ほうれんそう」について、新入社員研修のときに初めて教わりました。

　まず、「ほう」は「報告」です。これは、仕事がどこまで進んでいるか、問題がないかなどを上司に伝えることです。次に、「れん」は「連絡」です。これは同じ職場の人たちの間で必要なことを、何でも伝え合うことです。そして、「そう」は、何か問題があったとき、だれかに「相談」してアドバイスをもらうことです。

　この話を聞いたとき、上司や先輩に何でも話すのは子どもみたいで、自分で何も決められない人がすることじゃないかと思いました。けれども、実際に仕事を始めてみると、自分一人でスムーズに進められるようなことはほとんどなくて、小さなトラブルが起きることも少なくありませんでした。そんなとき、「ほうれんそう」を思い出して、上司や先輩に報告・連絡・相談をしました。そして、今ではもう、仕事をするときはいつも「ほうれんそう」を実行するようになりました。

　もちろん、まずは自分で考えて、一生懸命仕事をすることが大切だと思いますが、「ほうれんそう」を使って仕事をスムーズに進めたり、トラブルが小さいうちに解決したりするのはとても重要なことだと、今は思っています。

問題

❶. 本文の内容と合っているものに○、合わないものに×を書いてください。

① (　　) 「ほうれんそう」という言葉は、野菜の名前と違う意味で使われることがある。

② (　　) ジョンさんは初め「ほうれんそう」をいいことだと思わなかった。

③ (　　) ジョンさんは仕事で起きたトラブルを、全部自分一人で解決した。

④ (　　) ジョンさんは今仕事をするとき、「ほうれんそう」を忘れない。

⑤ (　　) 一生懸命仕事をするより、「ほうれんそう」のほうが大切だ。

❷. ジョンさんが説明している「ほうれんそう」というのは、何ですか。□の中にひらがなを入れてください。

ほう → □□□□
れん → □□□□
そう → □□□□

❸. ジョンさんが考える「ほうれんそう」のいい点を、2つ書いてください。

・_____ことができる。

・_____ことができる。

話そう・考えよう

① 今のあなたの生活で、「ほうれんそう」はどんなときに必要だと思いますか。
② あなたの国では、会社で仕事をするときに大切なことは何ですか。

1-22 北枕は縁起が悪い？

枕　仏教　お釈迦様　保育所　お昼寝　実験

1　あなたは寝るとき、頭を東西南北、どの方向に向けますか。そんなこと、一
2　度も考えたことはありませんか。
3　日本では今も、枕を北のほうに置く北枕は絶対しないという人が少なくない
4　ようです。
5　(a)それはどうしてかというと、北枕は、日本では亡くなった人の寝かせ方で、
6　昔から縁起が悪いと考えられているからです。これは、仏教を始めたお釈迦様
7　という人が、亡くなったときに北枕だったためだそうです。
8　しかし、北枕は健康にいいと言う人もいます。例えば、(b)この話をまだ聞い
9　たことがない保育所の子どもたちを「北枕」のグループと「南枕」のグループ
10　にわけてお昼寝をさせたら、北枕で寝た子どものほうが、すぐに寝てしまった
11　という実験結果もあるそうです。
12　もちろん、枕をどこに置くかは重要なことではない、寝る部屋の形や窓など
13　の位置によって、(c)それは当然変わると考える人のほうが、世界から見ればずっ
14　と多いでしょう。
15　どちらにしても、枕をどこに置くかを気にして寝られなくなることのほうが、
16　心と体によくないことは確かだと思います。

1-22 北枕は縁起が悪い？

問題

❶.「ⓐそれ」は何ですか。本文から探して、「こと」を入れて20字で書いてください。

			こ	と										

❷.「ⓑこの話」というのは、どんな話ですか。

　　a．北枕は縁起が悪いという話　　c．お釈迦様が仏教を始めたという話
　　b．南枕は健康にいいという話　　d．保育所である実験をするという話

❸.「ⓒそれ」は何ですか。本文から探して、8字で書いてください。

❹.下線に言葉を入れて、文を完成してください。

　　日本人の中には、①＿＿＿＿は②＿＿＿＿が③＿＿＿＿と考える人が多いが、④＿＿＿＿にいいと言う人もいる。それに、⑤＿＿＿＿から見れば、⑥＿＿をどこに置くかは⑦＿＿＿＿ではないと考える人のほうが多い。どちらにしてもよくないのは、⑧＿＿の位置を気にして⑨＿＿＿＿＿＿＿＿＿＿＿＿＿ことだろう。

話そう・考えよう

① あなたの国には「縁起が悪いから、やらないほうがいいこと」がありますか。
② ①について、あなたは信じたほうがいいと思いますか。それとも、信じなくてもいいと思いますか。

マスク依存症

> インフルエンザ　花粉症　乾燥　対策　日焼け
> 自信　汗　呼吸　症状　いじめ

　日本では毎年、インフルエンザや花粉症の季節になると、マスクをする人が増えます。ほかにも、冬の寒さや乾燥対策、夏の日焼け対策として、また、女性であれば近所の買い物など、化粧が面倒くさいときにマスクをして出かけるという人もいます。しかし最近、そういう理由が何もないのに１年中ずっとマスクなしでは生活ができない「マスク依存症」になる人が増えているそうです。

　どうして、マスク依存症になってしまうのでしょうか。

　専門家によると、「自分に自信がない人」「自分の顔を気にしすぎる人」「コミュニケーションが苦手な人」などがマスク依存症になりやすいといいます。このような人は、人と会ったり、人に見られたりすると不安になって、自分を守るためにマスクをしたくなるというのです。そして、そのような気持ちが強くなりすぎると「汗が止まらなくなる」「呼吸ができなくなる」などの症状を起こして、重い心の病気になってしまうこともあるそうです。また、いじめが原因でマスク依存症になる場合もあるとのことです。

　マスク依存症を治すためには、自分に自信を持つことが大切だといいます。けれども、自分に自信がない人が「自信を持て」と言われて、すぐに自信が持てるでしょうか。

　また、いじめが原因の場合はどうでしょうか。日本でいじめは長い間問題になっていますが、それを社会からなくすためにはまだまだ大変な努力が必要です。

　マスク依存症はわたしたちが考える以上に深刻な問題なのかもしれません。

1-23 マスク依存症

問題

❶．本文の内容と合っているものに○、合わないものに×を書いてください。

　　① （　　） 日本でマスクをする人の数は、1年中ほとんど変わらない。
　　② （　　） マスクをする目的は、「病気にならないため」だけではない。
　　③ （　　） マスク依存症の人は、自分を守るためにマスクをしている。
　　④ （　　） マスク依存症の人はみんな、重い心の病気になってしまう。
　　⑤ （　　） 自分の顔を気にしすぎると、学校でいじめられやすくなる。

❷．「それ」は何ですか。

　　a．重い心の病気
　　b．マスク依存症
　　c．いじめ
　　d．自信

❸．この文を書いた人はマスク依存症について、どう思っていますか。1つ選んでください。

　　a．マスク依存症を治すのは、そんなに簡単なことではない。
　　b．マスク依存症の人は、もっと自分に自信を持ったほうがいい。
　　c．マスク依存症をなくすより前に、まずいじめをなくすべきだ。
　　d．マスク依存症は、これからいじめより深刻な問題になるだろう。

話そう・考えよう

① あなたの国では、マスクをする人が多いですか。
② 何かがやめられなくなる「○○依存症」には、どんなものがありますか。

1-24 飲みニケーション

> コミュニケーション　上司　部下　緊張する
> ＩＴ化　普及する　取り戻す

1　「飲みニケーション」という言葉を聞いたことがありますか。これは、お酒を飲むという意味の「飲み」と、英語の「コミュニケーション（communication）」が一つになった言葉で、同じ職場の上司と部下がお酒を飲みに行くときによく使われます。

5　この習慣は長い間続いていました。しかし20世紀の終わりごろには、「上司と飲みに行くのは緊張するから嫌だ」とか、「仕事が終わったら、同じ職場の人といたくない」とか言う若い社員が増えて、「飲みニケーション」という言葉はあまり聞かなくなりました。けれども最近、「飲みニケーション」を行う会社がまた増えて、若い社員も参加するようになっているそうです。

10　どうしてまた最近、「飲みニケーション」を行うようになったのでしょうか。それは「職場のＩＴ化」と関係があるようです。パソコンやスマートフォンが普及し、職場の人どうしが直接話す機会が減った結果、いろいろな新しい問題が起きるようになりました。そのため、「飲みニケーション」で職場のコミュニケーションを取り戻そうと考える会社が増えているのだそうです。

15　日本人の中には「会社は家族」という考えがありました。最近はそう考える人は減ってきましたが、一緒に働く人といい関係を作って、いい仕事をしたいという考えは今も変わりません。ですから、お酒の力を借りて、いつもは言いにくいことも含めていろいろなことが話し合える「飲みニケーション」は、やはり今でも必要なのかもしれません。

問題

❶.「飲みニケーション」というのは何ですか。

「_____」と「_____」が一つになった言葉で、

_____こと

❷.「飲みニケーション」の説明で、本文と合わないものはどれですか。1つ選んでください。

　　a．「飲みニケーション」は、日本の会社で長い間続いてきた。
　　b．「職場のＩＴ化」のために、「飲みニケーション」が減った。
　　c．「飲みニケーション」を嫌がる若い社員が増えたことがある。
　　d．いつもは言いにくいことも、「飲みニケーション」なら言いやすい。

❸. 下線に言葉を入れて、文を完成してください。

日本人の中には「会社は①_____」という考えがあった。「飲みニケーション」も長い間続いてきたが、②_____世紀の終わりごろには、あまり③_____時期もあった。けれども最近、「④_____」で減ってしまった職場の人どうしが直接⑤_____機会を⑥_____ために、「飲みニケーション」を行う⑦_____がまた⑧_____いる。

話そう・考えよう

① ＩＴ化で職場の人どうしが直接話す機会が減ると、どんな問題が起きると思いますか。
② あなたの国では、同じ職場やクラスの人たちと仲よくなるために、どんなことをしていますか。

1-24 飲みニケーション

49

「この電車には、ご乗車できません」

> アナウンス　尊敬語　謙譲語　可能表現

「東京〜、東京〜。終点です。この電車には、ご乗車できません」

最近、駅でよく聞くアナウンス。でも、これを聞いて「ちょっと変だ」と思ったら、あなたは日本語上級者！　かもしれません。

アナウンスの中の「ご乗車できません」。これをもとの言葉に直すと、「ご乗車できません」→「ご乗車しません」→「ご乗車します」になります。これは、「（わたしは）お客様をご案内します」の「ご案内します」と同じ（　A　）。しかし電車に乗るのはお客様ですから、（　B　）を使わなければなりません。ですから、「ご乗車できません」は、本当は失礼な、間違った日本語だと言えます。

それから、これもよく聞く「○○さん、明日のパーティー、来れる？」「納豆、食べれる？」のような可能表現。間違いだと思わないで使っている日本人は少なくありませんが、これは「来られる」「食べられる」が正しい言い方です。

時代とともに、言葉は変化します。今は間違った使い方でも、それを使う人のほうが多くなれば、それが正しい使い方になることもあります。

しかし、間違った言葉の使い方をして、恥ずかしい経験をしたり、自分はそう思わなくても、相手に対して失礼になったりすることもあります。ですからやはり、言葉の正しい使い方は知っておいたほうがいいでしょう。

1-25「この電車には、ご乗車できません」

問題

❶. 本文の内容と合っているものに〇、合わないものに×を書いてください。

① (　　) 「ご乗車できません」のアナウンスは、東京駅でだけ聞ける。

② (　　) 「ご乗車できません」を駅のアナウンスで使っても、問題はない。

③ (　　) 「食べれる」を正しい言い方だと思っている日本人は少なくない。

④ (　　) 家族や友だちと話すときには、「来れる」を使ってもいい。

⑤ (　　) 言葉の間違った使い方が、正しい使い方に変化することもある。

❷. (A)(B)に入る言葉の組み合わせで正しいものはどれですか。「尊敬語」は目上の人の動作に、「謙譲語」は下の人がする動作に使う言葉です。

	(A)	(B)
a.	尊敬語	尊敬語
b.	尊敬語	謙譲語
c.	謙譲語	尊敬語
d.	謙譲語	謙譲語

❸. この文を書いた人が言いたいことは何ですか。

a. 時代とともに言葉が変化するのはしかたがない。

b. 時代とともに言葉も変わるのはよくないことだ。

c. 言葉の正しい使い方を知らない人は恥ずかしい。

d. 言葉の正しい使い方を知っておいたほうがいい。

話そう・考えよう

① 「この電車には、ご乗車できません」を、正しい日本語に直してください。

② あなたは言葉で失敗したり、恥ずかしい経験をしたりしたことがありますか。

第2部

シンデレラ

> いじめる　ネズミ　捕(と)る　王子(おうじ)さま　舞踏会(ぶとうかい)　プロポーズする　カボチャ
> 馬車(ばしゃ)　杖(つえ)　(靴(くつ)を)はく　お城(しろ)　(靴(くつ)が)ぬげる　ぴったり　お嫁(よめ)さん

1　　むかしむかし、とてもきれいで、やさしい女の子がいました。女の子の名前
2　はシンデレラ。シンデレラのお父さんは2回目の結婚をしたので、シンデレラ
3　には新しいお母さんと二人のお姉さんができました。けれども、新しいお母さ
4　んたちはシンデレラが自分たちよりずっときれいだったので、シンデレラをい
5　じめました。シンデレラに汚(きたな)い服を着させて、朝から夜まで、ご飯を作らせた
6　り、掃除(そうじ)をさせたり、ネズミを捕らせたり、いろいろな仕事をさせました。

7　　ある日、この国の王子さまが結婚相手(あいて)を選ぶ舞踏会が開かれました。お姉さ
8　んたちもその舞踏会に招待(しょうたい)されました。
9　「王子さまにプロポーズされたら、どうしよう」

10　　お姉さんたちが出かけたあと、シンデレラは一人、泣きながら言いました。
11　「わたしも舞踏会へ行かせてください。王子さまに、会わせてください」
12　　そのとき、どこからか声がしました。
13　「泣かないで、シンデレラ」
14　　シンデレラの目の前に、おばあさんが立っていました。
15　「わたしがあなたを舞踏会へ行かせてあげますよ」
16　　おばあさんはそう言うと、台所にあったカボチャを馬車に、ネズミ捕りの中
17　の白ネズミを馬(うま)に、黒ネズミを馬車の運転手に変えてしまいました。次に、お
18　ばあさんはシンデレラに杖を向けました。すると、シンデレラの汚い服はとて
19　もきれいな白いドレスに変わって、足にはガラスの靴をはいていました。

「さあ、行っていらっしゃい。でも、12時になったら、もとに戻ってしまうから、それを忘れないで」

　シンデレラがお城に着くと、王子さまはシンデレラを見て、すぐに好きになりました。そして、この人と結婚したいと思いました。
「わたしと踊っていただけませんか」
　けれども、楽しい時間は長く続きません。
「もうすぐ12時なので、帰らなければなりません。おやすみなさい、王子さま」
　シンデレラが急いで馬車へ戻るとき、ガラスの靴がぬげてしまいました。時間がないシンデレラは、靴をはいて戻ることができませんでした。

　次の日、王子様は「このガラスの靴をはいていた人と結婚する」と言いました。お城の人たちは、ガラスの靴にぴったり合う女性を探しましたが、なかなか見つかりませんでした。
　ある日、お城の人たちがシンデレラの家へも来ました。
「この靴がはければ、あなたたちは王子さまのお嫁さんよ」
　お母さんはそう言いましたが、お姉さんたちは、はくことができませんでした。
「わたしも、はいてみてもいいですか」
　シンデレラが言いました。お姉さんたちは大笑いしました。けれども、シンデレラの足とガラスの靴はぴったり。
「シ、シ、シンデレラが……ど、ど、どうして……」
　お姉さんたちはとても驚いて、そのあと何も話すことができませんでした。

　その後、シンデレラは王子さまと結婚して、いつまでも幸せに暮らしました。

問題

❶. 話の順番に、(　)に数字を書いてください。

A (　)　B (　)　C (　)　D (　)　E (　)　F (　)

2-01 シンデレラ

❷．新しいお母さんたちは、どうしてシンデレラをいじめましたか。

　　_____から。

❸．お母さんたちはシンデレラにどんな仕事をさせましたか。

　　_____
　　_____。

❹．お城の人たちは、どうしてガラスの靴をはいていた女の人を探しましたか。

　　_____から。

❺．お姉さんたちは、どうして大笑いしましたか。

　　シンデレラは_____から、

　　_____はずがないと思ったから。

話そう・考えよう

① この話を知っていましたか。知っている人は、いつごろ何で知りましたか。
② この話の続きを、自由に考えてみましょう。

ネコはネコにかえる

> （名前を）つける　空　雲　あっという間
> 風　飛ばす　壁　ネズミ　かじる

1　むかしむかしあるところに、ネコを飼っているおじいさんがいました。
2　おじいさんは「うちのネコは本当に頭がいい。こんないいネコを『ネコ』と
3　呼ぶのはかわいそうだし、おもしろくない。もっといい名前をつけてやろう」
4　と考えました。おじいさんはいろいろ考えて、ネコに「空」という名前をつけ
5　てあげることにしました。

6　ある日、おじいさんの友だちが遊びに来ました。
7　そのとき、おじいさんが自分のネコを「空！　空！」と呼んでいるのを聞い
8　て驚きました。
9　「どうして、『空』と呼んでいるんだ？」と聞くと、おじいさんは「このネコ
10　はほかのどのネコよりも頭がいいんだよ。『空』は世界のいちばん上にあるだ
11　ろう？　だからその名前をつけたんだよ」と答えました。

12　それを聞いて友だちはこう言いました。「いや、でももし雲が出てきたら、
13　空はあっという間に見えなくなってしまうよ」おじいさんはしばらく考えて、
14　「じゃあ、『雲』という名前にしよう」と言いました。

15　すると友だちは「でも風が吹いたら、雲はあっという間に飛ばされてしまう
16　よ」と言いました。おじいさんはまたしばらく考えて、「じゃあ、『風』がいい」
17　と言いました。

すると友だちは「でも壁があったら、風は通れなくなるよ」と言いました。
おじいさんはまたまた考えて、「それなら、『壁』と呼ぼう」と答えました。

　すると友だちは「でもネズミは、その壁をかじることができるよ」と言いました。おじいさんは「わかった。じゃあ、『ネズミ』という名前にしよう」と言いました。

　すると友だちは少し考えて、「でも……、ネコはネズミをつかまえることができるよ」と言いました。それを聞いたおじいさんも、しばらく考えて答えました。「そうか……それなら……、それなら、やっぱり『ネコ』のままにしよう」
　こうして、ネコの名前は「ネコ」に戻りました。

問題

❶. 話の順番に、（　）に数字を書いてください。

2-02 ネコはネコにかえる

❷．おじいさんは、どうしてネコに「空」という名前をつけましたか。

　　　おじいさんのネコは、＿＿＿＿＿＿＿＿＿＿＿＿＿＿＿＿＿＿＿＿＿て、

　　「空」は＿＿＿＿＿＿＿＿＿＿＿＿＿＿＿＿＿＿＿＿＿＿＿＿＿＿＿から。

❸．おじいさんは、どうしてネコの名前を「空」から「雲」に変えましたか。

　　　＿＿＿＿＿＿＿に＿＿＿＿＿＿＿＿＿＿＿＿＿＿＿＿＿＿＿＿＿＿＿＿

　　＿＿＿＿＿＿＿＿＿＿＿＿＿＿＿＿＿＿＿＿＿＿＿＿と言われたから。

❹．おじいさんは、ネコの名前を全部でいくつ考えましたか。また、名前を全部書いてください。

　　　＿＿＿＿＿＿つ：　空　、＿＿＿＿＿＿＿＿＿＿＿＿＿＿＿＿＿＿＿＿

❺．おじいさんは、どうしてネコの名前を「ネコ」にしましたか。

　　　a．はじめから「ネコ」という名前が好きだったから。
　　　b．この世界でいちばん強いのはネコだと思ったから。
　　　c．ほかの名前で呼んでも、ネコにはわからなかったから。
　　　d．友だちに「『ネコ』がいちばんいい」と言われたから。

話そう・考えよう

① あなたの名前は、だれが決めましたか。また、どんな意味がありますか。
② あなたの国では、どんなペットが人気ですか。

ツァルツァーナムジル

> バッタ　お坊さん　お寺　ネズミ　シカ　指輪
> うそをつく　ゲル　小麦粉　お経　逃げる

1　むかしむかし、ナムジルという若い男がいました。彼は、「ツァルツァーナ
2　ムジル」と呼ばれていました。「ツァルツァー」はモンゴル語で「バッタ」と
3　いう意味です。ナムジルはお坊さんになるためにお寺に住んで勉強していまし
4　たが、何も覚えられなかったので、先生に「もう家へ帰りなさい」と言われて
5　しまいました。

6　お寺を出る日、先生はナムジルに、「家へ帰る途中で見たものを覚えておき
7　なさい。きっと役に立つだろう」と言いました。

8　お寺を出たナムジルは、家へ向かって歩きました。途中、2匹のネズミが穴
9　を掘るのと、2頭のシカが走っていくのが見えたので、ナムジルは「2匹のネ
10　ズミが穴を掘る」「2頭のシカが忙しそうに走る」と覚えました。

11　しばらく歩くと、町が見えました。ナムジルはそこで休ませてもらおうと思
12　いました。そのとき、町でいちばんお金持ちの夫婦が指輪をなくして困ってい
13　ました。ご主人はナムジルをえらいお坊さんだと思って、指輪を探してくださ
14　いと頼みました。ナムジルはその町で少し休みたかったので「必ず見つけます」
15　とうそをつきました。ゲルを建ててもらって泊まることになりましたが、何も
16　することがなかったので、さっき覚えたことを思い出して「2頭のシカが忙し
17　そうに走るー」と繰り返し言ってみました。

18　ちょうどそのとき、奥様はお手伝いを二人、ゲルへ様子を見に行かせていま
19　した。二人がこっそりゲルをのぞこうとすると、中から「2頭のシカが忙しそ
20　うに走るー」と聞こえました。二人は気づかれたと思って、急いで戻って奥様
21　に⒜「あの方は何でもわかる方です」と報告しました。

その後、今度はご主人と奥様がゲルに向かいました。ゲルの中が静かなので、二人が声を出さないで地面に字を書いて会話をしていると、「２匹のネズミが穴を掘るー」と聞こえました。二人はびっくりして、このお坊さんは本当にすごい人だと信じました。

　それから３日経ちました。しかし、指輪はどこにあるかぜんぜんわかりません。どうしたらいいかわからず、とても悩んだナムジルは死のうと考えて、山のような小麦粉を水に溶かしておなかいっぱい飲みました。どんどん大きくなるおなかを見ながら「この大きなおなか…　わたしはもうすぐ死ぬんだ…」とひとりごとを言いました。

　すると突然、若い女が泣きながらゲルの中に入ってきました。手に指輪を持って。「お許しください。この指輪はお返ししますから、このおなかの子のために、ご主人様には言わないでください！」

　ナムジルはご主人と奥様には言わないと約束をしました。そしてご夫婦には、お経を読んだら、指輪がわたしのところへ来ましたと言いました。二人はとても喜んで、ナムジルにたくさんのお金や馬を贈りました。

　そしてナムジルが町を出るとき、ご主人はもう一度ナムジルが本当にすごいお坊さんかどうか試してみたくなって、「わたしの手の中に何があると思いますか？」と聞きました。困ったナムジルは⑥本当のことを言おうと思って、「ご主人、ツァルツァーナムジルは一度逃げることができました。でも二度目は無理ですね」と言いました。

　するとご主人は「やっぱりあなたはすごい人だ！」と手の中のバッタを見せました。「そうです。わたしはこのツァルツァー（バッタ）に一度逃げられて、二度目にやっと捕まえました」と言いました。ご主人はナムジルの名前を知らなかったのです。

　こうしてナムジルは、ご主人にもらったお金や馬を持って、家へ帰りました。

問題

❶. 話の順番に、（　）に数字を書いてください。

2-03 ツァルツァーナムジル

❷. ナムジルが家へ帰るとき、先生は何と言いましたか。

　　_____ように言った。

❸. ナムジルが村に着く前に見た動物とその数を書いてください。

　　_____

❹. 「ⓐ『あの方は何でもわかる方です』」とありますが、どうしてそう思いましたか。

　　お手伝いたちは_____に_____ないように_____へ

　　_____のに、_____

　　しまったと思ったから。

❺. 「ⓑ本当のこと」というのは何ですか。

　　　　a．自分が小麦粉をたくさん飲んで、死のうと思ったこと
　　　　b．自分の名前は「ツァルツァーナムジル」だということ
　　　　c．自分は、すごい人でも何でもわかる人でもないということ
　　　　d．指輪をとったのは、おなかの大きな女の人だということ

話そう・考えよう

① この話の中で、いちばんすごい人はだれだと思いますか。
② 自分は何もしていないのに、いいことが起きたり、誰かに感謝されたりしたことはありますか。

花咲かじいさん

> 欲張りな　叩く　掘る　臼　杵　お餅をつく　灰　(灰が)かかる
> お殿様　(灰を)まく　ごほうび　牢屋

1　　むかしむかしあるところに、心のやさしいおじいさんと、とても欲張りなお
2　じいさんがいました。
3　　ある日、欲張りなおじいさんの畑に１匹の子犬が入ってきたので、
4　「こら！　畑に入るな！」
5　と言って、欲張りなおじいさんは子犬を叩きました。それを見ていたやさしい
6　おじいさんは、
7　「この犬はわたしが育てよう。だから叩かないでくれ」
8　と言って、子犬を連れて帰りました。子犬は「シロ」と呼ばれて、大切に育て
9　られました。

10　　ある日、シロが山のほうを見ながら大きな声でワンワンと鳴いていました。
11　そこで、ア<u>おじいさん</u>はシロといっしょに山へ行ってみました。
12　　山の上まで行くと、シロは
13　「ここ掘れ。ワン！　ワン！　ここ掘れ。ワン！　ワン！」
14　と何度も言いました。何だろうと思ったイ<u>おじいさん</u>がそこを掘ってみると、
15　お金がたくさん出てきました。ウ<u>おじいさん</u>はとてもびっくりしました。
16　　それを見ていた欲張りなおじいさんは、次の日、やさしいおじいさんが留守
17　の間に、シロを山へ連れて行くと、
18　「どこを掘ったらいいか言え！　ここか？　あそこか？」
19　と大きな声で言いました。けれども、シロが教えたところを掘っても、出てく
20　るのは割れた茶わんやごみだけでした。エ<u>おじいさん</u>はとても怒って、シロを

叩いて殺してしまいました。

　やさしいおじいさんはとても悲しみました。そしてシロのお墓を作って、そこに１本の木を植えました。すると、木はあっという間に大きくなって、ｵおじいさんにこう言いました。
「わたしを切って、臼と杵を作ってください。そしてその臼と杵で、お餅をついてください」
ｶおじいさんは、言われたとおりにしてみました。
　ペッタン、ペッタン、ペッタン……
　すると、お餅はつぎつぎとお金に変わっていきました。
　それを見ていた欲張りなおじいさん。今度はやさしいおじいさんの家から臼と杵を盗んで、餅をついてみましたが、お餅は全部、石に変わってしまいました。怒ったｷおじいさんは、臼と杵を燃やして、灰にしてしまいました。
　それを知ったやさしいおじいさんは、とても悲しみました。そして、その灰を返してもらって、帰ろうとしました。
　そのときです！　強い風で灰が飛んで、近くの桜の木にかかると、桜の花が満開になりました。

　この話を聞いたお殿様が、桜の花が満開になる様子を見たいとおっしゃって、ｸおじいさんのところへいらっしゃいました。そして、ｹおじいさんが桜の木に灰をまくと、あっという間に桜の花が満開になりました。お殿様はとても喜んで、ｺおじいさんにたくさんごほうびをくださいました。
　それを見ていた欲張りなおじいさんも、家に残っていた灰をお殿様の前で桜の木にまきました。けれども、花はぜんぜん咲かず、灰はそのまま、お殿様の頭にかかってしまいました。
　怒ったお殿様は、ｻおじいさんを牢屋に入れてしまったということです。

問題

❶. 話の順番に、（　）に数字を書いてください。

2-04 花咲かじいさん

❷．本文の内容と合っているものに〇、合わないものに×を書いてください。

①（　　）ある日、子犬がやさしいおじいさんの畑に入ってきた。
②（　　）欲張りなおじいさんがシロと山へ行ったことを、やさしいおじいさんは、知らなかった。
③（　　）欲張りなおじいさんは、木から臼と杵を作って、お餅をついた。
④（　　）欲張りなおじいさんがお餅をつくと、灰に変わってしまった。
⑤（　　）やさしいおじいさんがまいた灰も、欲張りなおじいさんがまいた灰も、同じ臼と杵を燃やしたものだった。

❸．ア～サの「おじいさん」は、A「やさしいおじいさん」、B「欲張りなおじいさん」のどちらですか。

A：やさしいおじいさん	B：欲張りなおじいさん

❹．どうしてお殿様は怒りましたか。

＿＿＿＿＿＿＿＿＿＿おじいさんが＿＿＿＿＿＿＿＿＿＿＿＿＿ても、

＿＿＿＿＿＿＿＿＿＿＿＿＿＿＿＿＿＿＿＿＿＿＿＿＿＿＿＿＿＿＿

＿＿＿＿＿＿＿＿＿＿＿＿＿＿＿＿＿＿＿＿＿＿＿＿＿＿＿から。

話そう・考えよう

① この話が伝えたいことは、何だと思いますか。
② あなたの国の有名な昔話を紹介してください。

野口英世
のぐちひでよ

1000円札　お札　福島県　大やけど　いじめる
伝染病研究所　黄熱病　ウイルス

1　みなさんは「野口英世」という人を知っていますか。「知らない」という人
2　も、日本で生活していれば、たぶん1日に1回ぐらいは、きっとその人の顔を
3　見ていると思います。ちょっと財布を開けてみてください。そして、1000円
4　札を取り出してください。お札に描かれている男性の絵。そこには、「野口英世」
5　と書いてありませんか。これから読むのは、その人のお話です。

6　野口英世は1876年に生まれて、1928年に亡くなった医学者です。子どもの
7　ころは英世ではなくて、清作という名前でした。
8　清作は福島県で生まれました。家族は農業で暮らしていましたが、たいへん
9　苦しい生活でした。1歳のとき、清作はᴬ大やけどをしたために、左手が不自
10　由になってしまいました。左手が不自由になってしまった清作は、大人になっ
11　ても農業はできません。お母さんは、勉強すれば、別の仕事ができると考えて、
12　清作をᴮ小学校に入れるために、一生懸命働きました。

13　清作は小学校に入学することができました。けれども、この時代に小学校に
14　入学できるのはお金持ちの家の子どもがほとんどだったᵃため、お金がなくて、
15　左手も不自由な清作は、学校でいじめられました。それでも、清作は一生懸命
16　勉強して、10歳のころには、先生の代わりに授業をするぐらい、優秀な生徒
17　になりました。
18　清作は小学校を卒業した後も、勉強を続けたいと思いました。けれども、家
19　にはもうお金がないᵇために、進学したくても学費を払うことができません。

そのとき、小学校の先生が、一生懸命勉強して成績がいい清作の<u>ためウ</u>に、学費を出してやりました。12歳の清作は高等小学校に進学することができて、15歳のときには友人たちがお金を出して、左手の手術も受けることができました。

　このとき、自分のように病気やけがで苦しむ人を助けることができる医者という仕事に感動した清作は、大人になったら医者になろうと決めました。そして勉強を続ける<u>ためエ</u>に、19歳のときには福島から東京へ行って、その後20歳という若さで試験に合格して、医者になりました。

　21歳のときには東京の伝染病研究所に入って、そのころ名前を清作から英世に変えました。23歳のときに、英世はアメリカへ渡って、いろいろな伝染病の原因を調べる研究を行って、注目されるようになりました。けれどもその後、黄熱病で苦しんでいる人たちの<u>ためオ</u>にアフリカへ渡って研究をしているときに、英世も黄熱病にかかって、その病気の<u>ためカ</u>に亡くなりました。51歳でした。

　黄熱病の原因になるウイルスはたいへん小さいものだった<u>ためキ</u>、この時代の技術では見つけることができませんでした。

　病気で苦しむ人たちを世界から少しでも少なくする<u>ためク</u>に、亡くなる前までずっと研究を続けた野口英世。そんな彼のことを、多くの日本人は昔から尊敬していて、2004年にはその顔が1000円札に使われるようになりました。

　今、英世はみなさんの財布の中で、そのお金を<u>自分の<u>ためケ</u></u>だけでなく、病気やけがで苦しんでいる人や、お金がなくて困っている人たちの<u>ためコ</u>にも使ってほしいと、願っているのかもしれません。

問題

❶. 話の順番に、(　)に数字を書いてください。

❷. ア〜コの「ため」は、A・Bどちらと同じですか。

A：大やけどをした<u>ため</u>	B：小学校に入れる<u>ため</u>

❸. 清作は、どうして小学校でいじめられましたか。

　　_____から。

❹. 清作は、どうして医者になろうと思いましたか。

　　_____
　　_____から。

❺. 「<u>自分</u>」は、だれのことですか。

　　　a．野口英世
　　　b．この文を読んでいる人たち
　　　c．お金がなくて困っている人たち
　　　d．病気やけがで苦しんでいる人たち

話そう・考えよう

① 日本のお金には、野口英世のほかに、どんな人や物が描かれていますか。
② あなたの国のお金には、どんな人や物が描かれていますか。

第3部

3-01 4コマ漫画「豆柴くん」

3-01 4コマ漫画「豆柴くん」

問題

❶. 絵を見て、「ながら」を使って、書いてください。

① 男の人はテレビを見ながら、＿＿＿＿＿＿＿＿＿＿＿＿＿＿＿＿＿＿＿＿います。

② 男の人は＿＿＿＿＿＿＿＿＿＿＿＿＿＿＿＿＿＿＿＿＿＿＿＿＿＿＿＿＿います。

③ 男の人は＿＿＿＿＿＿＿＿＿＿＿＿＿＿＿＿＿＿＿＿＿＿＿＿＿＿＿＿＿います。

④ 男の人は＿＿＿＿＿＿＿＿＿＿＿＿＿＿＿＿＿＿＿＿＿＿＿＿＿＿＿＿＿います。

❷.（ A ）（ B ）に入る言葉を考えて、書いてください。

A：＿＿＿＿＿＿＿＿＿＿＿＿＿＿＿＿＿＿＿＿＿＿＿＿＿＿＿＿＿＿＿＿

＿＿＿＿＿＿＿＿＿＿＿＿＿＿＿＿＿＿＿＿＿＿＿＿＿＿＿＿＿＿＿＿＿

B：＿＿＿＿＿＿＿＿＿＿＿＿＿＿＿＿＿＿＿＿＿＿＿＿＿＿＿＿＿＿＿＿

＿＿＿＿＿＿＿＿＿＿＿＿＿＿＿＿＿＿＿＿＿＿＿＿＿＿＿＿＿＿＿＿＿

話そう・考えよう

① 問題❷で書いたことを発表(はっぴょう)しましょう。
② あなたがよくしていることを、「ながら」を使って話しましょう。

3-02 宝物を探せ！

24・12・23・34・46・21・42。51・
51・22・15・54・42・21・55・36・14・
510・11・42・59。54・42・21・510・
54・47・59。15・12・55・16・52・
510・54・49。14・12・19・57・55・
16・53・55・15・12・25・11・39。
26・54・25・16・21・31・15。58・39・
16・24・12・46・21・32・15。

	1	2	3	4	5
1	あ	い	う	え	お
2	か	き	く	け	こ
3	さ	し	す	せ	そ
4	た	ち	つ	て	と
5	な	に	ぬ	ね	の
6	は	ひ	ふ	へ	ほ
7	ま	み	む	め	も
8	や		ゆ		よ
9	ら	り	る	れ	ろ
10	わ				を
11	ん				

110・12・39・12・15。
→わかるかな。

問題

❶. 数字をひらがな、漢字の文にしてください。

_____

_____

_____

❷. これからすることを書いてください。

① _____ へ行く。

② _____ 。

③ _____ 。

④ _____ 。

❸. 何をしてはいけませんか。2つ書いてください。

・ _____ はいけない。

・ _____ はいけない。

79

3-03 カタカナ・クロスワード

問題

❶. カタカナの言葉を考えて、言葉を書き入れてください。
（注意：小さい字も１字に数えます。）

【タテ】
1. わたしはコンビニで○○○○○をしています。
2. 黒い鳥です。
3. これがわからなければ、メールが送れません。
4. 電気は消した？　かぎはかけた？　出かける前に……
5. 毎週水曜日は女性が映画を安く見られる○○○○ス・デー。
6. 食事するお店です。
7. テストのとき、絶対してはいけません。
8. 暑いときや寒いときにつけます。
9. これが高すぎる食べ物は気をつけましょう。
10. １メートルは100○○○です。

【ヨコ】
a. この国でいちばん大きい街は、ニューヨークです。
b. 日本はここにあります。
c. お昼に食べるのは？
d. ○○○○がいい食事をしましょう。
e. お金を払うところです。
f. 首にします。
g. 男性用と女性用があります。
h. 夏に食べる大きいくだものです。
i. 夜閉めて、朝開けます。
j. 洗濯するとき、使う人もいます。

❷. □のカタカナを全部使って、言葉を作ってください。

3-04 荷物を受け取る

ご不在連絡票

リー　チョウヨウ 様

● うかがいましたが、ご不在でした
☑ 配達　　　☐ 集荷
☐ 宅配ロッカーにお届けしました
　（ボックス番号＿＿番　暗証番号＿＿番）

● 下記の理由により、持ち帰りました
☐ お名前（住所）が確認できませんでした
☐ ポストに投函できませんでした

今回のお届けお荷物は　アロッズ　様から

種別	☑ 宅急便　☐ クール（冷蔵・冷凍）　☐ 着払い ☐ コレクト（代金引換のみ）　☐ コレクト（クレジットカード決済可） ☐ クレジットカード等　☐ クロヤギ・メール便 ☐ ヤギポスト　☐ その他（　　　）
品物	☐ 生もの　☐ 食品　☐ 衣類　☐ 書籍 ☑ その他（　　　　　　　　　　　） ※長期間ご連絡がとれない場合は、ご依頼主様にご返送させていただくことがあります。
店舗受取	☑ ご利用いただけます　☐ ご利用いただけません ※お近くのお店・コンビニでお受け取りができるサービスです 重さ目安 ☑ ～2kg　☐ 2～5kg　☐ 5～10kg　☐ 10kg～

クロヤギ運輸株式会社
KUROYAGI TRANSPORT CO.,LTD.

お届け日　4月26日　10時50分

伝票番号　4364-1741-8953

配達担当者＿＿＿＿＿＿＿＿

再配達受付連絡先

● 担当ドライバー直通（受付時間9:00～20:00）
ご希望の配達時間をお知らせください。
運転中で電話に出られない場合がございます。
☎ 080-1234-5678

● 再配達自動受付（24時間）音声案内に従ってください
携帯電話・PHSをご利用の場合：0570-11-1111
固定電話をご利用の場合：0120-22-2222

※日付は4桁で入力してください（4月1日 ⇒ 0401）
※ご希望の時間帯は下記より選び、1桁の番号で入力してください
指定なし⇒【0】　午前⇒【1】　14～16時⇒【2】
16～18時⇒【3】　18～20時⇒【4】　19～21時⇒【5】

● インターネット受付（24時間）
http://www.bonjinsha.com/

● サービスセンター（受付時間9:00～21:00）
携帯電話・PHSをご利用の場合：0570-33-3333
固定電話をご利用の場合：0120-11-1111

読解2丁目センター 【センターコード 012-340】

問題

リーさんは再配達自動受付を使って、次の日の5時ごろ、家で荷物を受け取りたいと思っています。押さなければならない数字を書いてください。携帯電話でかけます。

❶. _____

お電話ありがとうございます。こちらは再配達受付センターです。お客様の伝票番号を入力してください。

❷. _____

再配達を希望される方は1を、センターでの受け取りを希望される方は2を入力してください。

❸. _____

本日配達を希望される方は1を、それ以外の方はご希望の配達日を4けたで入力してください。

❹. _____

配達時間帯を入力してください。

❺. _____

4月27日16時から18時までの間の配達をご希望ですね。よろしければ、1を入力してください。

❻. _____

お客様の再配達を承りました。本日はお電話ありがとうございました。

3-05 詩(し)を読む

春のうた

ほっ　まぶしいな。
ほっ　うれしいな。

みずは　つるつる。
かぜは　そよそよ。
ケルルン　クック。
ああいいにおいだ。
ケルルン　クック。

ほっ　いぬのふぐりがさいている。
ほっ　おおきなくもがうごいてくる。
ケルルン　クック。
ケルルン　クック。

草野(くさの)心平(しんぺい)

いぬのふぐり

3-05 詩を読む

チャレンジ！

❶. 言葉の一つ一つの意味を考えながら、声に出して読んでみましょう。

❷. 詩を読んで、どんなことを感じましたか。話してください。

❸. 「ほっ」は、どんな気持ちを表していると思いますか。

❹. 「ケルルンクック」は動物の声です。その動物を、a〜dから選んでください。また、動物の名前を書いてください。

a. 　　b.

c. 　　d.

動物の名前：＿＿＿＿＿＿＿＿＿＿＿＿＿

【著者略歴】

清水　正幸（しみず　まさゆき）
東京大学文学部国文学科卒業
東京外語専門学校、江戸カルチャーセンター日本語学校などで日本語教育に従事
【著作】『日本語学習者のための読解厳選テーマ10［中級］』（凡人社）共著、『日木語学習者のための読解厳選テーマ10［中上級］』（凡人社）共著、『日本語学習者のための読解厳選テーマ10［上級］』（凡人社）単著、『日本留学試験[日本語・読解]ポイントレッスン＆問題集』（日本能率協会マネジメントセンター）共著

下郡　麻子（しもごおり　あさこ）
聖心女子大学国語国文学科卒業
現在、友国際文化学院　非常勤講師。ライブ活動も行う、自称「歌う日本語教師」

泉水　晃子（いずみ　あきこ）
これまで、日本語学校、専門学校にて日本語教育、留学生進学指導に従事。現在、東京外語専門学校日本語科などにて日本語指導を担当

日本語学習者のための
読解厳選テーマ25 +10 ［初中級］

2018年 4月27日	初版第1刷発行
2024年12月20日	初版第6刷発行

著　　　者	清水正幸，下郡麻子，泉水晃子
発　　　行	株式会社　凡　人　社 〒102-0093 東京都千代田区平河町1-3-13 TEL：03-3263-3959
イ ラ ス ト	本間昭文，イケウチリリー（株式会社アクア）
装丁デザイン	コミュニケーションアーツ株式会社
印刷・製本	倉敷印刷株式会社

ISBN 978-4-89358-943-9
©Masayuki SHIMIZU, Asako SHIMOGORI, Akiko IZUMI　2018　Printed in Japan
落丁本・乱丁本はお取り替えいたします。
本書の一部あるいは全部について、著作者から文書による承諾を得ずに、いかなる方法においても無断で転載・複写・複製することは、法律で固く禁じられています。

シリーズ既刊

日本語学習者のための 読解厳選テーマ10 [中級]

清水正幸・林真弓 著

B5判, 128頁＋別冊44頁, 4頁
本体2,000円＋税　ISBN 978-4-89358-913-2

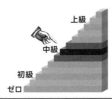

語彙リスト [英語・中国語・ベトナム語訳付き]

話して 読んで 考えて…

　本書は日本語能力試験のN3レベルを修了し、同N2レベル程度の日本語力をめざす過程にある人を対象としています。学習者の日本社会への興味や関心に応えたり、それらを喚起したりできるように作りました。また、日本社会についての知識だけでなく、そこから社会的なテーマについて自ら考えていく力を身につけることも目標としています。この点で、大学・大学院への進学をめざす人にもお薦めできます。

（本書「はじめに」より）

01 富士山
- [読み物1]　留学生の手紙
- [読み物2]　富士山の見力―みりょく―
- [コラム]　世界文化遺産　富士山

02 夢中になる人たち
- [読み物1]　鉄道ファンの世界
- [読み物2]　オタク、バンザイ！―留学生スピーチ―
- [コラム]　秋葉原

03 和食・日本料理
- [読み物1]　世界に広がる日本料理
- [読み物2]　和食って何？
- [コラム]　嫌い箸

04 怪談
- [読み物1]　おいてけ堀
- [読み物2]　オバケと幽霊
- [コラム]　怪談を愛した外国人

05 遅刻
- [読み物1]　パーティーに招かれたら
- [読み物2]　はじまりに厳しく、終わりに甘い？
- [コラム]　あなたは待つほう？待たせるほう？

06 東日本大震災
- [読み物1]　つなみてんでんこ
- [読み物2]　復興って何だろう？
- [コラム]　震度とマグニチュード

07 ストレス
- [読み物1]　ストレス対処法
- [読み物2]　ストレス・ゼロはいいことか
- [コラム]　ストレスでストレス解消？

08 小学校の英語教育
- [読み物1]　英語教育は小学校から
- [読み物2]　小学校に英語は要らない
- [コラム]　和製英語

09 出産・子育て
- [読み物1]　イクメンですね
- [読み物2]　マタニティー・ハラスメント
- [コラム]　イクボス・アワード

10 熟年世代の夫婦事情
- [読み物1]　熟年離婚物語
- [読み物2]　「熟年結婚」で人生再スタート
- [コラム]　団塊の世代

シリーズ既刊

日本語学習者のための 読解厳選テーマ10 [中上級]
改訂第2版
清水正幸・奥山貴之 著

B5判, 176頁+別冊4頁 2,200円（10%税込）
ISBN 978-4-86746-015-3

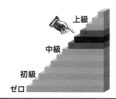

語彙リスト［英語・中国語・ベトナム語訳付き］

話して 読んで 考えて…

　本書は日本語能力試験のN2レベルを修了し、同N1レベル程度の日本語力をめざす過程にある人を対象としています。学習者の日本社会への興味や関心に応えたり、それらを喚起したりできるように作りました。また、日本社会についての知識だけでなく、そこから社会的なテーマについて自ら考えていく力を身につけることも目標としています。この点で、大学・大学院への進学をめざす人にもお薦めできます。
（本書「はじめに」より）

01 働かない働きアリ？
- ［読み物1］　アリとキリギリス
- ［読み物2］　働かないアリにも働き
- ［コラム］　イソップ童話

02 血液型
- ［読み物1］　血液型占いは当たる？
- ［読み物2］　血液型で判断してもよいのか
- ［コラム］　血液型はいくつある？

03 言葉の意味
- ［読み物1］　私の言葉で辞書を編む
- ［読み物2］　「情けは人のためならず」の意味
- ［コラム］　変わる言葉の意味

04 IT社会
- ［読み物1］　両親との約束
- ［読み物2］　IT断食
- ［コラム］　インターネットは誰の発明？

05 ゲーム
- ［読み物1］　京都から世界へ
- ［読み物2］　プロゲーマーはつらいよ？
- ［コラム］　ゲーム障害

06 Kawaii
- ［読み物1］　世界共通語となった「カワイイ」
- ［読み物2］　ミッキーマウス vs. キティ
- ［コラム］　「かわいい」は赤ちゃんの戦略

07 消費の行方
- ［読み物1］　若者のクルマばなれ
- ［読み物2］　これからの消費
- ［コラム］　三種の神器

08 いじめ
- ［読み物1］　いじめられている君へ
- ［読み物2］　なぜクラス全員が加害者になるのか
- ［コラム］　いじめ防止対策推進法

09 子どもの名前
- ［読み物1］　個性はルールを守ってこそ
- ［読み物2］　名前に込められた親の願い
- ［コラム］　日本人の名字

10 高齢化のなかで
- ［読み物1］　80歳で3度目のエベレストへ
- ［読み物2］　老人力
- ［コラム］　注目を集める「健康寿命」

日本語学習者のための
読解厳選テーマ25+10 [初中級]

語彙リスト
Vocabulary lists / 词汇列表 / Danh sách từ vựng

[英語・中国語・ベトナム語訳付き]
English　汉语　Tiếng Việt

1-01	日本の生活①	1	2-01	シンデレラ	14
1-02	ラジオ体操	1	2-02	ネコはネコにかえる	14
1-03	今年の漢字	1	2-03	ツァルツァーナムジル	14
1-04	イノシシやシカを食べよう	2	2-04	花咲かじいさん	15
1-05	ようこそ、不人気県へ	2	2-05	野口英世	16
1-06	日本の生活②	3	3-01	4コマ漫画「豆柴くん」	17
1-07	ハシビロコウ	3	3-02	宝物を探せ！	17
1-08	ビブリオ・バトル	4	3-03	カタカナ・クロスワード	17
1-09	今どきの女子高校生	4	3-04	荷物を受け取る	18
1-10	デートのお金はだれが出す？	5	3-05	詩を読む	18
1-11	日本の生活③	5			
1-12	「親切な店員さん」	6			
1-13	コミックマーケット	6			
1-14	変化を続けるバレンタインデー	7			
1-15	化粧の力	8			
1-16	日本の生活④	8			
1-17	本当の忍者	9			
1-18	握り寿司、しょう油のつけ方は？	9			
1-19	くまモン ―がんばれ熊本―	10			
1-20	人間にしかできない仕事	10			
1-21	日本の生活⑤	11			
1-22	北枕は縁起が悪い？	11			
1-23	マスク依存症	12			
1-24	飲みニケーション	13			
1-25	「この電車には、ご乗車できません」	13			

日本語	English	汉语	Tiếng Việt

1-01 日本の生活①

ストレス	stress	压力	căng thẳng, áp lực
スタッフ	staff	服务员	nhân viên
ラッシュ	rush	高峰时段	giờ cao điểm
目標(もくひょう)	goal	目标	mục tiêu
週(しゅう)(3)回(かい)	(3) times a week	每周(3)次	(3) lần, tuần
混(こ)む	to be crowded	拥挤	đông đúc, nhồi nhét, làm cho phức tạp, rắc rối

1-02 ラジオ体操(たいそう)

体操(たいそう)	gymnastics/calisthenics	体操	bài tập thể dục
指示(しじ)	direction	指示	chỉ thị, chỉ dẫn, hướng dẫn
健康(けんこう)	healthy	健康	sức khỏe
ダイエット	diet	减肥	ăn kiêng
動(うご)かす	move	使……运动	di chuyển, vận động (cơ thể)
国民(こくみん)	citizens of the country	国民	công chúng
職場(しょくば)	workplace	职场	nơi làm việc
お年寄(としよ)り	elderly	老年人	người cao tuổi
人気(にんき)がある	popular	受欢迎	nổi tiếng, được yêu thích
(人(ひと)の)数(かず)	number (of people)	(人)数	số người
減(へ)る	decrease	减少	giảm
感想(かんそう)	perspective	感想	cảm tưởng, suy nghĩ

1-03 今年の漢字

発表(はっぴょう)する	to announce	发表	phát biểu
印象(いんしょう)に残(のこ)る	to leave an impression	留下了印象	để lại ấn tượng
募集(ぼしゅう)する	to solicit	征集	tuyển chọn
東(ひがし)日本(にほん)大震災(だいしんさい)	Great East Japan Earthquake [Earthquake that struck on 11 March 2011, with magnitude 9.0 (maximum seismic intensity of 7)]	东日本大地震 [发生于2011年3月11日, 震级为9级 (最大烈度7级)]	Thảm họa động đất lớn phía đông Nhật Bản (Thảm họa động đất lớn xảy ra ngày 11 tháng 3 năm 2011 mạnh 9 độ Richter (cường độ địa chấn mạnh nhất là 7 độ))
助(たす)け合(あ)う	help one another	互相帮助	giúp đỡ lẫn nhau
オリンピック	Olympics	奥运会	đại hội thể thao Olympic
金(きん)メダル	gold medal	金牌	huy chương vàng
2000円札(えんさつ)	2000 yen bill	2000日元 纸钞	tờ tiền 2000 yên
表(あらわ)す	symbolize/represent	表达	thể hiện
全国(ぜんこく)	nationwide	全国	toàn quốc
お坊(ぼう)さん	Buddhist priest	和尚	thầy chùa, nhà sư

日本語	English	汉语	Tiếng Việt
筆(ふで)	writing brush	毛笔	bút viết, bút lông
絆(きずな)	bond	羁绊	mối liên kết
つながる	to connect	连接	liên kết
感(かん)じる	feel	感到	cảm giác thấy
選手(せんしゅ)	competitor	选手	tuyển thủ
硬貨(こうか)	stamp	硬币	tiền xu
文字(もじ)	written character	文字	chữ cái

1-04 イノシシやシカを食べよう

日本語	English	汉语	Tiếng Việt
イノシシ	wild boar	野猪	lợn rừng
シカ	deer	鹿	hươu, nai
都会(とかい)	metropolis	城市	Thành phố
脂(あぶら)	fat	脂肪	mỡ, chất béo
ダイエット	diet	减肥	sự ăn kiêng, bữa ăn kiêng, chế độ ăn kiêng
畑(はたけ)	farm field	田地	ruộng nương
農家(のうか)	farmer	农家	nông dân
(3)種類(しゅるい)	(3) kinds	(3)种	(3) loại
人気(にんき)になる	to be popular	变得受欢迎	nổi tiếng, được yêu thích
実(じつ)は	actually/in truth	其实	thật ra thì
(シカの)数(かず)	number of (deer)	(鹿的)数量	số con (hươu, nai)
金額(きんがく)	price	金额	số tiền
なんと	unbelievably/surprisingly	竟然	như thế nào
扱(あつか)う	to handle	经营、处理	giải quyết

1-05 ようこそ、不人気県(ふにんきけん)へ

日本語	English	汉语	Tiếng Việt
不人気県(ふにんきけん)	unpopular prefecture	不受欢迎的县	tỉnh được ít người biết đến
都道府県(とどうふけん)	prefectures	都道府县	các tỉnh thành
観光客(かんこうきゃく)	tourist	游客	khách tham quan
一生(いっしょう)	one's whole life	一生	cả đời, suốt đời
(飲(の)み)放題(ほうだい)	all you can (drink)	无限制(饮用)	(uống) thoải mái
人気(にんき)がある	be popular	拥有人气	được yêu thích
文章(ぶんしょう)	essay	文章	câu cú, câu văn
ある(調査(ちょうさ))	to have (a survey)	某(调查)	có (khảo sát)
調査(ちょうさ)	survey	调查	khảo sát
第(だい)(1)位(い)	number (1) ranking	第(1)名	vị trí (đầu tiên)
吉野(よしの)ケ里(がり)遺跡(いせき)	Yoshinogari Ruins	吉野里遗迹	Tàn tích Yoshinogari
有田焼(ありたやき)	Arita-yaki pottery	有田烧[瓷]	Gốm Arita

日本語	English	汉语	Tiếng Việt
牧場(ぼくじょう)	farm	牧场	đồng cỏ, bãi cỏ, bãi chăn thả
無料(むりょう)	free of charge	免费	miễn phí
みかん園(えん)	mandarin orange orchard	柑橘园	vườn quýt
付(つ)く	to come with	附上	đi kèm với
このほかにも	in addition to this/these	其他还	ngoài ra, hơn thế nữa
それぞれ	each/respectively	各自	mỗi, một
ぜひ	definitely	一定	nhất định phải, thế nào cũng ..
おすすめ	recommendation	推荐	giới thiệu, đề cử
印象(いんしょう)に残(のこ)る	to leave an impression	留下印象	gây ấn tượng, để lại ấn tượng

1-06 日本の生活②

感動(かんどう)する	feel touched/be moved	感动	cảm động
積(つ)もる	to accumulate	积起	tích tụ lại
雪(ゆき)だるま	snowman	雪人	người tuyết
話(はな)しかける	to speak to someone	搭话、攀谈	bắt chuyện
転(ころ)がす	roll	滚动	lăn
積(つ)む	to pack (snow)	堆积	xếp chồng lên
缶(かん)コーヒー	canned coffee	罐装咖啡	cà phê lon
(10)センチ	(10) centimeters	(10) 厘米	(10) cm
方向(ほうこう)	direction	方向	phương hướng, phía
東南(とうなん)アジア	Southeast Asia	东南亚	Đông Nam Á
別(わか)れる	to separate	分开	chia tay

1-07 ハシビロコウ

ヘアー・スタイル	hair style	发型	kiểu tóc
ふるさと	hometown	家乡	cố hương, quê hương, quê nhà
開発(かいはつ)	develop	开发	phát triển
減(へ)る	decrease	减少	giảm
パンダ	panda	熊猫	gấu trúc
人気(にんき)	popular	受欢迎	yêu thích, nổi tiếng
肺魚(はいぎょ)	lungfish	肺鱼	cá phổi
ところで	by the way	话说 (用在句首表示话题转换)	nhân đây, nhân tiện
畑(はたけ)	farm field	田地	cánh đồng, ruộng nương
(魚(さかな)の)数(かず)	number of (fish)	(鱼的) 数量	số con (cá)
人間(にんげん)	human	人类	nhân loại, con người, loài người
仲間(なかま)	friend/compatriot	同伴	bè bạn

日本語	English	汉语	Tiếng Việt

1-08 ビブリオ・バトル

日本語	English	汉语	Tiếng Việt
読書（どくしょ）	reading	读书	đọc sách
イベント	event	活动	sự kiện
発表者（はっぴょうしゃ）	presenter	发表者	người phát biểu
投票する（とうひょうする）	to vote	投票	bầu, bỏ phiếu
優勝（ゆうしょう）	champion	冠军	chiến thắng, vô địch
力がつく（ちからがつく）	to build up (strength)	长 (力气)	có được (năng lực/sức mạnh)
広がる（ひろがる）	to spread	传开	lan rộng ra
参加者（さんかしゃ）	participant	参加者	người tham gia
おすすめ	recommendation	推荐	giới thiệu, đề cử
参加する（さんかする）	to participate	参加	tham gia
種類（しゅるい）	kind	种类	loại
詳しい（くわしい）	knowledgeable about	详细的	biết rõ
発表（はっぴょう）	presenter	发表者	phát biểu
迷う（まよう）	to hesitate	迟疑	do dự, lúng túng
出会う（であう）	to meet/encounter	相遇	gặp gỡ, hội ngộ
チャンス	chance	机会	cơ hội

1-09 今どきの女子高校生（いまどきのじょしこうこうせい）

日本語	English	汉语	Tiếng Việt
今どき（いまどき）	in vogue/current	现在的	ngày nay, đời nay, thời buổi này
女子高生（じょしこうせい）	high-school girl	女高中生	nữ sinh trung học
めい	niece	侄女	cháu gái
制服（せいふく）	school uniform	校服	đồng phục
修学旅行（しゅうがくりょこう）	school trip	修学旅行	tham quan học tập ngoại khóa, school trip
がまんする	to endure	忍受	chịu đựng
うらやましい	to be jealous	令人羡慕的	ghen tị
ある日（あるひ）	one day	某一天	bữa nọ, hôm nọ, ngày nọ
首に（マフラー）をする（くびに～をする）	wrap a (scarf) around one's neck	戴上 (围巾)	đeo (khăn quàng) trên cổ
マフラー	scarf	围巾	khăn quàng
海外（かいがい）	overseas	海外	nước ngoài, hải ngoại
びっくりする	to be surprised	吃惊	ngạc nhiên
海外旅行（かいがいりょこう）	overseas trip	海外旅行	du lịch nước ngoài
気になる（きになる）	to be interested	在意	quan tâm, để tâm
あっという間（あっというま）	in a moment's time	瞬间	loáng một cái, trong nháy mắt
ひざ	knees	膝盖	đầu gối
国内（こくない）	domestic	国内	trong nước
健康（けんこう）	healthy	健康	sức khỏe

日本語	English	汉语	Tiếng Việt
若者(わかもの)	young person	年轻人	người trẻ, thanh niên
ファッション	fashion	穿着打扮	thời trang

1-10 デートのお金はだれが出す？

日本語	English	汉语	Tiếng Việt
デート	date	约会	hẹn hò
独身(どくしん)	single	单身	độc thân
恋愛(れんあい)	love	恋爱	tình yêu
割(わ)り勘(かん)	split the bill	AA制	chia nhau thanh toán tiền
恋人(こいびと)	lover/significant other	恋人	người yêu
お茶(ちゃ)を飲(の)む	to have a cup of tea	喝茶	uống trà
相手(あいて)	partner	对象	đối tượng
アンケート調査(ちょうさ)	form-based survey	问卷调查	khảo sát bằng câu hỏi
調査(ちょうさ)	survey	调查	điều tra
全体(ぜんたい)	overall	整体	toàn thể
変化(へんか)	change	变化	thay đổi
割合(わりあい)	percentage/proportion	比例	tỷ lệ
立場(たちば)	position	立场	lập trường
給料(きゅうりょう)	salary	工资	lương
支(ささ)える	to support	支撑	giúp đỡ, nâng đỡ, hỗ trợ
結果(けっか)	result	结果	kết quả
影響(えいきょう)する	impact/influence	产生影响	ảnh hưởng

1-11 日本の生活③

日本語	English	汉语	Tiếng Việt
交換留学(こうかんりゅうがく)	study exchange	交换生留学	du học theo chương trình trao đổi, giao lưu
緊張(きんちょう)する	to be nervous	紧张	căng thẳng, lo lắng
ホストファミリー	host family	接待家庭	host family (hình thức ở trọ cho du học sinh cùng người bản xứ)
大(だい)ファン	big fan	忠实粉丝	người hâm mộ cuồng nhiệt
流(なが)す	to flush	使……流动	làm cho chảy đi, lan truyền, dốc ra, đổ ra
ほか	other	其他	khác
勢(いきお)いよく	vigorously	猛烈、旺盛	mãnh liệt
無事(ぶじ)	without mishap	平安地	bình an vô sự
幸(しあわ)せ	joy	幸福	hạnh phúc
最新(さいしん)	latest (model)	最新	tối tân, mới nhất, tiên tiến nhất

| 日本語 | English | 汉语 | Tiếng Việt |

1-12 「親切な店員さん」

日本語	English	汉语	Tiếng Việt
お似合い	looks nice on you	适合、般配	hợp, phù hợp, thích hợp với
ロボット	robot	机器人	người máy, rô bốt
画面	screen	画面	màn hình
ほっとする	to be relieved	松一口气	cảm thấy bớt căng thẳng, nhẹ nhõm
似合う	to look good	搭配	hài hòa, tương xứng, vừa
ひとりごと	speaking to oneself	自言自语、独白	độc thoại, nói chuyện một mình
新作	latest product	新作	mới sản xuất, mới làm ra
ほか	other	其他	khác
話しかける	to speak to	搭话、攀谈	bắt chuyện
苦手	dislike	不擅长	yếu, kém, nhược điểm
かなり	very	相当	khá khá
迷惑	annoying	麻烦	phiền hà
ある日	one day	一天	một ngày nọ
姿	form	身影	bóng dáng
近づく	draw near	接近	đến gần, tới gần, tiếp cận
(画面が)付いている	has a (screen)	附上 (画面)	đính kèm (màn hình)
サイズ	size	尺寸	cỡ, kích thước
情報	information	信息	thông tin, tin tức
早速	rapidly	立刻、马上	ngay lập tức
パーセント	percent	百分比	phần trăm
(20パーセント)オフ	(20%) off/discount	打折 (20%)	giảm (20%)

1-13 コミックマーケット

日本語	English	汉语	Tiếng Việt
イベント	event	活动	sự kiện
サークル	circle (club)	小组、圈子	vòng tròn, hình tròn, câu lạc bộ
プロ	professional	职业的	chuyên nghiệp
手作り	handmade	手工制作	tự tay làm, thủ công
コスプレ	cosplay	角色扮演	cosplay
キャラクター	character	角色人物	nhân vật
専門学校	vocational school	专科学校	trường dạy nghề
最大	largest	最大	lớn nhất
街	street	街道	phố, thị trấn
商品	product	商品	sản phẩm, hàng hóa, thương phẩm
全員	everyone	全员	đông đủ, tất cả các thành viên, tất cả mọi người
参加者	participant	参加者	người tham gia
ルール	rule	规则	luật lệ, quy định, quy tắc

日本語	English	汉语	Tiếng Việt
仲間(なかま)	friend/compatriot	同伴	bè bạn
姿(すがた)	costume/look	样子	diện mạo, tướng mạo
参加(さんか)する	to participate	参加	tham gia

1-14 変化(へんか)を続けるバレンタインデー

日本語	English	汉语	Tiếng Việt
変化(へんか)	change	变化	cải biến, thay đổi, biến đổi
バレンタインデー	Valentine's Day	情人节	ngày Valentine, ngày lễ tình nhân, ngày lễ tình yêu
チョコレート	chocolate	巧克力	sô cô la
告白(こくはく)	confession	表白	thú nhận, thừa nhận, tỏ tình
義理(ぎり)	duty	情面	lẽ nghĩa
上司(じょうし)	superior	上司	cấp trên
同僚(どうりょう)	coworker	同事	đồng nghiệp
本命(ほんめい)	genuine	第一候选	yêu thích, ưa chuộng
俺(おれ)	I (used in the casual form with peers or subordinates)	我 [男性对同辈或下属使用]	Tôi (phái nam tự xưng khi nói chuyện với người ngang hàng hoặc cấp dưới, hậu bối)
ライバル	rival	竞争对手	đối thủ, địch thủ, người kình địch, người cạnh tranh
落(お)ち着(つ)かない	unable to feel settled	不安	nhấp nhổm
感(かん)じ	feeling	感觉	cảm giác
相手(あいて)	other person	对方	đối phương
愛(あい)	love	爱	yêu
当(あ)たり前(まえ)	commonplace/without question	理所当然	đương nhiên là
当時(とうじ)	at the time	当时	khi ấy, khi đó, ngày ấy
新鮮(しんせん)	fresh/new	新鲜	tươi mới
感(かん)じる	feel	感到	cảm giác thấy
全国(ぜんこく)	nationwide	全国	toàn quốc
広(ひろ)がる	to spread	传开	lan rộng ra
バレンタインチョコ	Valentine's chocolate	情人节巧克力	sô cô la Valentine
職場(しょくば)	workplace	职场	văn phòng làm việc, nơi làm việc
男友(おとことも)だち	male friends	男性朋友	bạn bè phái nam
かわいそう	piteous	可怜	đáng thương, tội nghiệp
減(へ)る	decrease	减少	giảm
女友(おんなとも)だち	female friends	女性朋友	bạn bè phái nữ
友(とも)	friend	朋友	bạn bè
感謝(かんしゃ)する	to appreciate	感谢	cảm tạ, cảm ơn, biết ơn
贈(おく)る	to give	赠送	gửi, trao cho, trao tặng
例(れい)	as an example	前例	ví dụ
逆(ぎゃく)	in opposition	颠倒	ngược lại, tương phản, trái ngược
人気(にんき)	popular	受欢迎	yêu thích, hâm mộ

日本語	English	汉语	Tiếng Việt

1-15 化粧の力

日本語	English	汉语	Tiếng Việt
化粧	cosmetics	化妆	trang điểm, hóa trang
エステ	esthetic salon	美体沙龙	beauty salon, trung tâm chăm sóc sắc đẹp
ネイル	nail salon	美甲沙龙	tiệm làm móng
エチケット	etiquette	礼节	phép xã giao, nghi lễ, quy tắc ứng xử
やる気	motivation	干劲	động lực
平均	average	平均	trung bình
化粧品	cosmetic product	化妆品	mỹ phẩm, phấn son
美容院	beauty salon	美容院	mỹ viện, thẩm mỹ viện
その結果	the result	结果……	kết quả đó
社会人	working adult	进入社会的人	thành viên của xã hội, cá thể trong xã hội nói chung
実は	actually/in truth	其实	thật ra thì
効果	effect	效果	hiệu quả, kết quả, tác dụng
デート	date	约会	hẹn hò
就職試験	recruitment test	就职测试	kỳ thi tuyển dụng
作業	working adult	作业	công việc
お年寄り	elderly	老年人	người lớn tuổi
実験	experiment	实验	thí nghiệm, thực nghiệm
結果	result	结果	kết quả
長生き	live a long life	长寿	sống lâu, trường thọ
おしゃれをする	to dress up	打扮	ăn diện, trưng diện

1-16 日本の生活④

日本語	English	汉语	Tiếng Việt
居酒屋	pub	居酒屋	Izakaya - quán rượu phong cách Nhật Bản
スタッフ	staff	服务员	nhân viên
店長	manager	店长	cửa hàng trưởng, người quản lý cửa hàng
ある日	one day	某一天	một ngày nọ
話しかける	to speak to someone	搭话、攀谈	bắt chuyện
合格する	to pass (a test)	合格	trúng tuyển, thi đỗ, đỗ đạt
ところが	however	但是	nhưng mà, thế mà, dẫu vậy nhưng
ひどく	terribly	严重地	cực kỳ, hết sức, rất, lắm
ルール	rule	规则	luật lệ, quy định, quy tắc
守る	follow (a rule)	遵守	tuân thủ, tuân theo
やめる	to quit	辞去	nghỉ việc, bỏ việc
不思議	mysterious	不可思议	kỳ lạ, kỳ quái, khó hiểu

日本語	English	汉语	Tiếng Việt

1-17 本当の忍者

日本語	English	汉语	Tiếng Việt
忍者	ninja	忍者	Ninja
忍者服	ninja clothes	忍者服	quần áo của Ninja, y phục của Ninja
天井裏	above the ceiling	阁楼	gác mái
床下	under the floor	地板下	dưới sàn, gầm sàn
敵	enemy	敌人	kẻ thù, đối thủ, địch thủ, kình địch
盗み聞く	to overhear	窃听	nghe trộm, nghe lén
忍術	ninjutsu (ninja arts)	忍术	kỹ thuật ngụy trang, ẩn mình, thuật ninjutsu, nhẫn thuật
戦う	to fight	战斗	đánh nhau, giao chiến, chiến đấu
目立つ	to be conspicuous	显眼	bị thấy
夜中	during the night	半夜	nửa đêm, ban đêm
情報	information	情报	thông tin, tin tức
あっという間	in the twinkling of an eye	转眼之间	trong chớp mắt
方法	method	方法	phương pháp
おしゃべりする	to talk	聊天	bàn tán
重要	critical/important	重要	trọng yếu, quan trọng
描く	draw	绘 (画)	vẽ
愛する	love	喜爱	yêu mến
忍ぶ	to sneak	忍耐	cam chịu
苦しい	difficult	痛苦	đau đớn, đau khổ
我慢する	tolerate	忍受	chịu đựng
なぜなら	if you ask why	是因为	bởi vì, do là

1-18 握り寿司、しょう油のつけ方は？

日本語	English	汉语	Tiếng Việt
握り寿司	nigiri sushi	握寿司	Nigirizushi - sushi được ép bằng tay
和食	Japanese cuisine	日餐	món ăn Nhật
ネタ	sushi topping	寿司料	Neta - hải sản dùng để làm sushi
シャリ	sushi rice	寿司饭团	Shari - cơm trộn giấm
マナー	manner	礼仪	quy tắc ứng xử
舌	tongue	舌头	lưỡi
ひっくり返す	to flip over	翻身	đánh đổ, đảo ngược, úp
生臭さ	raw flavor	腥气	mùi tanh
生魚	raw fish	生鱼	cá tươi, cá sống
傷む	to go bad	腐败	thối rữa, ươn
代表	representative	代表	đại diện, đại biểu
正解	correct	正确答案	câu trả lời chính xác
バラバラになる	to separate, disperse	零散、散开	rời rạc

日本語	English	汉语	Tiếng Việt
直接(ちょくせつ)	directly	直接	trực tiếp
守(まも)る	to follow (manners)	遵守	tuân thủ, tuân theo
苦手(にがて)[な]	to dislike	不擅长	yếu, kém, dở
気(き)になる	to be bothered by	在意	để tâm
過(す)ごす	to live	度过	trải qua, sống

1-19 くまモン —がんばれ熊本(くまもと)—

日本語	English	汉语	Tiếng Việt
失(うしな)う	to lose	失去	mất
心(こころ)の支(ささ)え	support for one's heart	心灵支柱	động lực
キャラクター	mascot	吉祥物	nhân vật
応援(おうえん)する	to support	支援	ủng hộ, hỗ trợ
イベント	event	活动	sự kiện
東北地方(とうほくちほう)	the Tohoku region	东北地区	vùng Tohoku
新幹線(しんかんせん)	Shinkansen	新干线	tàu Shinkansen
全線(ぜんせん)	all lines	全线	tất cả tuyến, toàn tuyến
開業(かいぎょう)する	to open for business	开通	bắt đầu, khai trương, mở
クマ	bear	熊	gấu
全国(ぜんこく)	nationwide	全国	toàn quốc
体操(たいそう)	gymnastics/calisthenics	体操	bài tập thể dục
姿(すがた)	appearance	姿势	bóng dáng
許可(きょか)	authorization	许可	cho phép
無料(むりょう)	free of charge	免费	miễn phí
愛情(あいじょう)	affection	温情	tình yêu
感(かん)じる	to feel	感到	cảm giác
人気者(にんきもの)	popular character	受欢迎的人	người được yêu thích
大地震(おおじしん)	major earthquake	大地震	trận động đất lớn
活動(かつどう)	action	活动	hoạt động
届(とど)け出(で)る	to report	申报	báo cáo, thông báo
(くまモン)自身(じしん)	(Kumamon) himself	(熊本熊) 自己	(Kumamon) chính mình, bản thân
参加(さんか)する	to participate	参加	tham gia
生活(せいかつ)を壊(こわ)す	ruin one's everyday life	破坏生活	phá vỡ cuộc sống
災害(さいがい)	disaster	灾害	thảm họa

1-20 人間にしかできない仕事

日本語	English	汉语	Tiếng Việt
介護施設(かいごしせつ)	nursing facility	护理机构	cơ sở điều dưỡng, cơ sở chăm sóc
(介護(かいご))ロボット	(nursing) robot	(护理) 机器人	robot (chăm sóc)
開発(かいはつ)	develop	开发	phát triển
勝手(かって)に	arbitrarily	任意, 为所欲为	tự tiện, tự ý

日本語	English	汉语	Tiếng Việt
お年寄り	elderly	老年人	người cao tuổi
返る	to return	返回	trở lại, trở về
相手	other party	对方	đối phương
びっくりする	to be surprised	吃惊	giật mình, sửng sốt
お手伝い	help	帮忙	hỗ trợ, giúp đỡ
かわいそう	piteous	可怜	đáng thương, tội nghiệp
表現する	to express	表现	miêu tả, biểu hiện
理解する	to understand	理解	hiểu, lĩnh hội, tiếp thu
楽	easy	轻松	thoải mái, dễ chịu
確かに	correctly	确实	chính xác
技術が進む	the progression of technology	技术进步	kỹ thuật tiến bộ

1-21 日本の生活⑤

日本語	English	汉语	Tiếng Việt
就職する	to look for a job	就职	tìm việc
新入社員研修	new recruit training	新员工研修	đào tạo kỹ năng cho nhân viên mới
上司	supervisor	上司	cấp trên
アドバイス	advice	建议	lời khuyên, tư vấn
スムーズに	smoothly	顺利地	thuận lợi, trôi chảy
トラブル	trouble	困难	rắc rối, trục trặc
解決する	to resolve	解决	giải quyết
ほうれん草	spinach	菠菜	rau chân vịt, cải bó xôi
教わる	to be taught	受教、学习	được dạy
報告	report	报告	báo cáo
職場	workplace	职场	nơi làm việc
実際に	in reality	实际	thực ra
進める	to progress	进展	thúc đẩy, xúc tiến
実行する	to carry out/implement	实行	thi hành, thực hiện
重要[な]	important	重要(的)	quan trọng

1-22 北枕は縁起が悪い？

日本語	English	汉语	Tiếng Việt
北枕	lying with one's head to the north	头朝北睡	nằm quay đầu về hướng bắc
縁起	sign of luck/omen	缘起、吉凶的征兆	điềm báo
枕	pillow	枕头	cái gối
仏教	Buddhism	佛教	đạo Phật
お釈迦様	Buddha	释迦牟尼	Phật Thích Ca Mâu Ni
保育所	nursery school	托儿所	nhà trẻ
お昼寝	nap	午睡	giấc ngủ trưa

日本語	English	汉语	Tiếng Việt
実験 (じっけん)	experiment	实验	thí nghiệm
東西南北 (とうざいなんぼく)	east, west, south, north	东南西北	đông, tây, nam, bắc
絶対 (ぜったい)	no matter what	绝对	tuyệt đối
寝かせる (ねかせる)	to lay out	使入睡、放平	đặt nằm xuống
健康 (けんこう)	healthy	健康	sức khỏe
結果 (けっか)	result	结果	kết quả
位置 (いち)	position	位置	vị trí
当然 (とうぜん)	naturally	当然	đương nhiên, dĩ nhiên
気にする (き)	to worry about	介意	bận tâm
確か (たしか)	to be clear	确实	chính xác, chắc chắn
信じる (しん)	to believe	相信	tin tưởng

1-23 マスク依存症 (いそんしょう)

日本語	English	汉语	Tiếng Việt
マスク	sanitary mask	口罩	khẩu trang, mặt nạ
依存症 (いそんしょう)	addition	依赖症	nghiện, quen thuộc, phụ thuộc vào thuốc
インフルエンザ	influenza	流感	bệnh cảm cúm
花粉症 (かふんしょう)	hay fever	花粉症	bệnh dị ứng phấn hoa
乾燥 (かんそう)	dryness	干燥	khô
対策 (たいさく)	countermeasure	对策	biện pháp đối phó
日焼け (ひや)	sunburn	晒黑	rám nắng, cháy nắng
自信 (じしん)	confidence	自信	tự tin
汗 (あせ)	sweat	汗	mồ hôi
呼吸 (こきゅう)	breath	呼吸	hít thở, hô hấp
症状 (しょうじょう)	symptom	症状	triệu chứng bệnh
いじめ	bullying	欺负	bắt nạt
ほかにも	additionally	另外也	thêm vào đó
化粧 (けしょう)	cosmetics	化妆	trang điểm, hóa trang
面倒くさい (めんどう)	bothersome	麻烦	phiền phức, rắc rối
気にする (き)	to worry about	介意	bận tâm
コミュニケーション	communication	沟通	giao tiếp
苦手[な] (にがて)	to be poor at	不擅长	yếu, kém, dở
不安 (ふあん)	uneasy	不安	lo lắng, bất an
守る (まも)	to protect	保护	tuân thủ, tuân theo
治す (なお)	to treat	治愈	chữa bệnh
深刻[な] (しんこく)	serious (issue)	深刻(的)	nghiêm trọng

日本語	English	汉语	Tiếng Việt

1-24 飲みニケーション

日本語	English	汉语	Tiếng Việt
コミュニケーション	communication	交流	giao tiếp
上司(じょうし)	supervisor	上司	cấp trên
部下(ぶか)	subordinate	部下	cấp dưới
緊張(きんちょう)する	to be nervous	紧张	căng thẳng
ＩＴ化(か)	digitization	信息化	áp dụng CNTT
普及(ふきゅう)する	to become normalized	普及	phổ biến
取(と)り戻(もど)す	to take back	取回	khôi phục
職場(しょくば)	workplace	职场	nơi làm việc
(20)世紀(せいき)	(20th) century	(20) 世纪	thế kỷ (20)
参加(さんか)する	to participate	参加	tham gia
～どうし	together (as a group)	同伴、同仁	nhóm, hội ~
直接(ちょくせつ)	directly	直接	trực tiếp
減(へ)る	decrease	减少	giảm
結果(けっか)	result	(作为~的) 结果	kết quả
含(ふく)める	to include	包括	bao gồm
仲(なか)よくなる	to be friendly	关系变好	trở thành bạn

1-25 「この電車には、ご乗車(じょうしゃ)できません」

日本語	English	汉语	Tiếng Việt
乗車(じょうしゃ)する	to board	乘车、上车	lên xe, lên tàu
アナウンス	announcement	广播	sự thông báo trên loa, sự thông báo trên đài
尊敬語(そんけいご)	honorific language	尊敬语	kính ngữ
謙譲語(けんじょうご)	humble language	谦让语	khiêm nhường ngữ
可能表現(かのうひょうげん)	potential tense	表现可能性	diễn tả khả năng
終点(しゅうてん)	terminal station	终点	trạm cuối, ga cuối, điểm cuối, bến cuối
上級者(じょうきゅうしゃ)	highly proficient person	熟练者	người giỏi, chuyên gia
もと	originally	原来	cơ sở, nguồn gốc
間違(まちが)う	to make a mistake	弄错	nhầm lẫn, sai lầm
納豆(なっとう)	natto (fermented soybeans)	纳豆	Natto (đậu nành lên men)
間違(まちが)い	mistake	错误	lỗi, nhầm
変化(へんか)する	to change	变化	thay đổi
相手(あいて)	other party	对方	đối phương
(相手(あいて))に対(たい)して	to the (other party)	向 (对方)	đối với (đối phương)

| 日本語 | English | 汉语 | Tiếng Việt |

2-01 シンデレラ

日本語	English	汉语	Tiếng Việt
いじめる	to bully	欺负	bắt nạt
ネズミ	mouse	老鼠	con chuột
捕る	to catch	捉、抓	bắt
王子さま	prince	王子	hoàng tử
舞踏会	ball	舞会	dạ hội khiêu vũ
プロポーズする	to propose (marriage)	求婚	cầu hôn
カボチャ	pumpkin	南瓜	bí ngô
馬車	carriage	马车	xe ngựa
杖	want	手杖	cái gậy
お城	castle	城池	lâu đài, thành
ぬげる	to slip off	脱落	cởi ra
ぴったり	perfectly	正合适	vừa vặn, khớp
お嫁さん	bride	新娘	cô dâu
相手	partner	对方	đối tượng
目の前に	before one's eyes	眼前	trước mắt
ネズミ捕り	mousetrap	老鼠夹	bắt chuột
馬	horse	马	ngựa
ドレス	dress	礼服	váy, váy áo
もと	original	原状	ban đầu
暮らす	live	生活	sinh sống
続き	continuation	后续	tiếp tục, liên tục

2-02 ネコはネコにかえる

日本語	English	汉语	Tiếng Việt
空	sky	天空	bầu trời
あっという間	in the twinkling of an eye	转眼之间	trong chớp mắt
飛ばす	to be blown away	飞驰、飞溅	thổi bay
ネズミ	mouse	老鼠	con chuột
かじる	bite	咬	nhai, cắn, ngoạm
飼う	to keep (a pet)	喂	nuôi, cho ăn
かわいそう	piteous	可怜的	đáng thương, tội nghiệp
ほか	other	其他	khác
人気	popularity	人气	được yêu thích

2-03 ツァルツァーナムジル

日本語	English	汉语	Tiếng Việt
バッタ	grasshopper	蚱蜢	con châu chấu
お坊さん	Buddhist priest	和尚	hòa thượng

日本語	English	汉语	Tiếng Việt
ネズミ	mouse	老鼠	con chuột
シカ	deer	鹿	hươu, nai
ゲル	yurt	蒙古包	chất gel
小麦粉(こむぎこ)	wheat flout	小麦粉	bột mì
お経(きょう)	sutra	经文	Kinh Phật
モンゴル語(ご)	Mongolian language	蒙古语	Tiếng Mông Cổ
穴(あな)	hole	洞	lỗ, hang
掘(ほ)る	dig	挖	bới, đào
えらい	admirable	了不起	lớn
繰(く)り返(かえ)し(言(い)う)	to repeatedly (say)	重复 (说)	lặp đi lặp lại (kể lể)
お手伝(てつだ)い	servant	帮手	sự giúp đỡ
様子(ようす)	sight/appearance	情况	tình hình
こっそり	stealthily	悄悄地	lén lút
報告(ほうこく)する	to report	报告	báo cáo
地面(じめん)	ground	地面	mặt đất
びっくりする	to be surprised	吃惊	giật mình, sửng sốt
信(しん)じる	believe	相信	tin
経(た)つ	to pass (time)	经过	trải qua, trôi qua
溶(と)かす	melt	溶化	tan chảy, hòa tan
ひとりごと	to speak to oneself	自言自语、独白	độc thoại
突然(とつぜん)	suddenly	突然	đột nhiên, bất thình lình
許(ゆる)す	forgive	容许	tha thứ
馬(うま)	horse	马	ngựa
贈(おく)る	to give	赠送	gửi, trao tặng
試(ため)す	to test	尝试	thử
感謝(かんしゃ)する	to appreciate	感谢	cảm tạ, biết ơn

2-04 花咲(はなさ)かじいさん

日本語	English	汉语	Tiếng Việt
欲張(よくば)り[な]	greedy	贪婪 (的)	tham lam
叩(たた)く	bark	敲	đập, đánh, vỗ
掘(ほ)る	to dig	挖	đào, bới
臼(うす)	millstone	臼	cối
杵(きね)	pestle	杵	chày
お餅(もち)	mochi rice cake	年糕	bánh mochi
(餅(もち)を)つく	to pound mochi	打 (年糕)	làm (bánh mochi)
灰(はい)	ash	灰	tro
(灰(はい)が)かかる	to be covered (with ash)	溅上 (灰)	(tro) bay, rơi
お殿様(とのさま)	feudal lord	大人	lãnh chúa

日本語	English	汉语	Tiếng Việt
(灰を)まく	to spread (ash)	撒(灰)	rải (tro)
ごほうび	reward	犒劳	phần thưởng
牢屋	jail	牢房	nhà giam
畑	farm field	田地	cánh đồng, ruộng nương
子犬	puppy	小狗	chó con
びっくりする	to be surprised	吃惊	giật mình, sửng sốt
殺す	to kill	杀	giết
悲しむ	to grieve	感到悲伤	đau buồn
お墓	grave	坟墓	ngôi mộ
あっという間	in the twinkling of an eye	转眼之间	trong chớp mắt
盗む	to steal	盗取	trộm cắp, ăn cắp
燃やす	to burn	燃烧	thiêu, đốt
桜	cherry blossom tree	樱花	hoa anh đào
満開	full bloom	盛开	nở rộ, nở hết
様子	appearance	情况、状态	dáng vẻ

2-05 野口英世

日本語	English	汉语	Tiếng Việt
1000円札	1000 yen note	1000日元 纸钞	tờ tiền 1000 yên
お札	note	纸钞	tờ tiền, bill
大やけど	severe burn	严重烫伤	vết bỏng lớn
いじめる	to bully	欺负	bắt nạt
伝染病研究所	infectious disease laboratory	传染病研究所	Viện nghiên cứu bệnh truyền nhiễm
黄熱病	yellow fever	黄热病	bệnh sốt vàng da
ウイルス	virus	病毒	virus
取り出す	to take out	取出	rút ra, móc ra, lấy ra
描く	to be drawn	画	vẽ, miêu tả
医学者	doctor	医学家	nhà khoa học y khoa
農業	agriculture	农业	nông nghiệp
暮らす	live	生活	sinh sống
苦しい	difficult	痛苦	cực khổ, khó khăn
不自由	disabled	不好使	tàn tật
(先生の)代わりに	instead of (the teacher)	取代(老师)	đại diện cho (thầy)
優秀[な]	outstanding/excellent	出色(的)	siêu đẳng
進学する	proceed toward higher education	升学	học lên cao
学費	tuition	学费	học phí
成績	results	成绩	thành tích

日本語	English	汉语	Tiếng Việt
高等小学校[明治時代の教育機関の名前。今の小学校後半〜中学校前半にあたる]	primary school [Name of the educational institution of the Meiji era. Covered modern day upper-elementary school through early junior-high school]	高等小学 [明治时代教育机关 相当于现在的小学后期～初中前期]	Trường tiểu học Kotoshogakko (Đây là tên gọi của cơ quan giáo dục thời Minh Trị. Tương đương với lớp 5, 6, 7, 8)
手術	surgery	手术	phẫu thuật
苦しむ	suffer	感到痛苦	chịu khổ
助ける	help/rescue	救助	giúp đỡ
感動する	feel touched/be moved	感动	cảm động
合格する	qualify/pass	合格	thi đỗ
(アメリカへ)渡る	to go over the ocean (to America)	赴 (美)	đi qua (Mỹ)
注目する	focus on	关注	chú ý
(黄熱病に)かかる	to catch (yellow fever)	染上 (黄热病)	bị, mắc (bệnh sốt vàng da)
尊敬する	to respect	尊敬	tôn kính, kính trọng
願う	to wish for	希望	mong ước, cầu xin

3-01 4コマ漫画「豆柴くん」

日本語	English	汉语	Tiếng Việt
豆柴[小型の柴犬]	miniature Shiba dog breed	豆柴 [小柴犬]	chó Mame Shiba (chó Shiba cỡ nhỏ)
ダイエット	diet	减肥	ăn kiêng
発表する	to announce/present	发表	công bố, thông báo

3-02 宝物を探せ！

日本語	English	汉语	Tiếng Việt
宝物	treasure	宝物	báu vật, vật quý

3-03 カタカナ・クロスワード

日本語	English	汉语	Tiếng Việt
数える	to count	计数	đếm, tính
コンビニ(=コンビニエンスストア)	convenience store	便利店	cửa hàng tiện lợi
絶対	absolute	绝对	tuyệt đối
センチ	centimeter	厘米	centimet
首にする	to place on one's neck	戴在脖子上	sa thải, đuổi việc
(男性)用	for (men)	(男性) 用	dành cho (nam giới)

日本語	English	汉语	Tiếng Việt

3-04 荷物を受け取る

日本語	English	汉语	Tiếng Việt
受け取る	to receive	接收	nhận, tiếp nhận, lấy
再配達	redelivery	再次递送	giao lại lần nữa, chuyển phát lại
自動受付	automatic reception	自动受理	tiếp nhận tự động
数字	number	数字	chữ số, con số
センター	center	中心	trung tâm
伝票	delivery slip	凭单	hóa đơn
希望する	to request	希望	mong muốn
入力する	to enter (data)	输入	nhập vào
本日	today	今天	hôm nay, ngày nay
配達	delivery slip	递送	sự đưa cho, sự chuyển cho, sự phân phát
(4)けた	(4) digit	(4) 位数	(4) chữ số
承る	to receive	接受	nghe, nhận

3-05 詩を読む

日本語	English	汉语	Tiếng Việt
詩	poem	诗	bài thơ
まぶしい	bright	耀眼	rạng rỡ, chói lọi
つるつる	smooth	光溜溜	trơn tuồn tuột
そよそよ	breezily	轻轻吹拂	(gió) hiu hiu
声に出す	to read out loud	说出声	thốt ra, phát ra, nói ra
感じる	feel	感到	cảm giác
表す	show/express	表达	thể hiện

【解答(かいとう)(Answers / 答案 / Câu trả lời)】

1-01
1. ①× ②○ ③× ④○ ⑤×
2. もっと日本語が上手になりたいと思ったから。
3. ・友だちといろいろなところへ遊びに行くこと
   ・友だちと話すこと
4. アルバイトと朝のラッシュ

1-02
1. ①○ ②× ③○ ④× ⑤×
2. 昔の日本人は体も小さくて、あまり健康ではなかったため、体操で国民を健康にしようと考えたから。
3. ・男性も女性も、子どもでも大人でもできること
   ・簡単に覚えられること
   ・部屋の中でも外でもできること

1-03
1. その年でいちばん印象に残ったことを漢字1字で表すもの
2. 漢字は一字一字に意味があるから
3. ①12 ②清水 ③絆 ④助け合う ⑤金 ⑥理由 ⑦一つ

1-04
1. イノシシやシカの肉は脂が少ないから。
2. ・近所のお肉屋さんで普通に買えるようになること
   ・家でおいしく簡単に食べられる料理が知られるようになること
3. ①都会 ②出す ③ダイエット ④人気 ⑤畑 ⑥200億 ⑦捕まえて ⑧食べ物 ⑨大切に

1-05
1. ①× ②○ ③× ④○ ⑤○
2. たくさんの人に佐賀へ来てそのいいところを知ってもらいたいから
3. それ：そこにしかないもの
   そこ：それぞれの都道府県

1-06
1. ①× ②○ ③○ ④× ⑤○
2. ①まず、小さいボールを作って雪の上でいろいろな方向に転がしました。
   ②次に、大きい雪のボールをもう1つ作って、少し小さいほうを上に積みました。
   ③最後に、近くにあった石や枝で、顔を作りました。
3. c

1-07
1. 肺魚が水の上のほうに上がってくるまで、動かないで何時間も待っていなければならないから
2. ・開発が進んで、湖が畑になったこと
   ・人が食べるために育てた魚に食べられたこと
3. ①人気 ②顔 ③ヘアー・スタイル ④動かない ⑤パンダ ⑥見る ⑦来る ⑧少なく

1-08
1. ①× ②× ③○ ④○ ⑤○
2. ・今まで知らなかった世界を知ることができること
   ・考える力がつくこと
3. a

1-09
1. ①× ②× ③× ④○ ⑤○
2. d
3. 今を楽しまないとだめだ

1-10
1. ①45.7 ②38.3 ③53.0 ④39.8 ⑤13.2

❷. ・夫の給料だけで家族の生活を支える
　ことが難しくなった
　・自分も男性と同じように働きたいと
　考える女性が増えた
❸. ①2016　②アンケート　③女
　④デート　⑤53.0　⑥男　⑦男
　⑧割り勘　⑨45.7

1-11
❶. ①×　②×　③○　④×　⑤○
❷. トイレの水の流し方がわからなかった
　から
❸. ・トイレをもっと便利に、気持ちよく
　使うための最新技術
　・トイレを大切にして、きれいに使お
　うという昔からの心

1-12
❶. ①○　②×　③×　④○　⑤×
❷. (ア) 店員さんがいろいろ話しかけてく
　　ること
　(イ) だんだん「買わなければいけない
　　かな」と思ってしまうから。
❸. 自分は客のためにいろいろ話している
　と思っているけれど、客にはかなり迷
　惑だと思われている店員

1-13
❶. d
❷. ・ここでだけ買えるものがあること
　・来る人みんなが仲間になれること
❸. ①2　②50万　③会場　④参加者
　⑤お客さん　⑥ルール　⑦参加者
　⑧コスプレ

1-14
❶. 女性が愛の告白をしてもいいというこ
　とを新鮮に感じたから
❷. b
❸. ①女　②男　③愛　④告白　⑤義理
　⑥自分　⑦逆　⑧バレンタイン

1-15
❶. ①○　②×　③○　④○　⑤×
❷. ・頭が働くようになる。
　・手や指がよく動くようになる。
❸. だれに：
　最近化粧をしなくなったお年寄り
　どんな実験：
　毎日化粧をしてもらう実験
　どんな結果：
　よく笑うようになった、おしゃべり
　が増えたなど

1-16
❶. ①×　②×　③×　④×　⑤○
❷. 日本語がわからない中国人のお客がい
　たから
❸. 仕事中は日本語で話すというルールを
　守らなかったから

1-17
❶. ①○　②○　③×　④×　⑤×
❷. ・おしゃべり上手なこと
　・目立たず戦わないで逃げること
❸. ・忍者については、今もわからないこ
　とがたくさんあるから。
　・忍者たちが「忍ぶ心＝苦しいときも
　我慢する心」を大切にしたから。

1-18
❶. c
❷. 魚の生臭さが気にならなくなる。
❸. 自分もまわりの人も気持ちよく過ごす
　ためのもの
❹. ①ネタ　②しょう油　③いや　④ネタ
　⑤チェック　⑥使い方　⑦魚
　⑧しょう油　⑨自由

1-19
❶. ・大きな体で一生懸命「くまモン体操」
　をすること
　・許可を取ればだれでもその絵を無料
　で使えること

解答

❷．d
❸．①2011　②顔　③怖い　④人気者
　　⑤大地震　⑥熊本　⑦心の支え
　　⑧東北

1-20
❶．①×　②×　③〇　④〇　⑤×
❷．・仕事が楽になる。
　　・仕事がはやく終わる。
❸．b

1-21
❶．①〇　②〇　③×　④〇　⑤×
❷．ほうこく　れんらく　そうだん
❸．・仕事をスムーズに進めることができる。
　　・トラブルが小さいうちに解決することができる。

1-22
❶．北枕は絶対しないという人が少なくないこと
❷．a
❸．枕をどこに置くか
❹．①北枕　②縁起　③悪い　④健康
　　⑤世界　⑥枕　⑦重要　⑧枕
　　⑨寝られなくなる

1-23
❶．①×　②〇　③〇　④×　⑤×
❷．c
❸．a

1-24
❶．「飲み」と、「コミュニケーション」が一つになった言葉で、同じ職場の上司と部下がお酒を飲みに行くこと
❷．b
❸．①家族　②20　③聞かない
　　④職場のIT化　⑤話す　⑥取り戻す
　　⑦会社　⑧増えて

1-25
❶．①×　②×　③〇　④×　⑤〇
❷．c
❸．d

2-01
❶．A：5　　B：1　　C：4
　　D：2　　E：3　　F：6
❷．シンデレラが自分たちよりずっときれいだったから。
❸．ご飯を作らせたり、掃除をさせたり、ネズミを捕らせたりした。
❹．王子様が「このガラスの靴をはいていた人と結婚する」と言ったから。
❺．シンデレラは舞踏会へ行かなかったから、ガラスの靴がはけるはずがないと思ったから。

2-02
❶．A：6　　B：4　　C：2
　　D：5　　E：1　　F：3
❷．おじいさんのネコは、ほかのどのネコよりも頭がよくて、「空」はいちばん上にあるから。
❸．友だちにもし雲が出てきたら、空はあっという間に見えなくなってしまうと言われたから。
❹．六つ：空、雲、風、壁、ネズミ、ネコ
❺．b

2-03
❶．A：2　　B：5　　C：6
　　D：1　　E：4　　F：3
❷．家へ帰る途中で見たものを覚えておくように言った。
❸．ネズミ2匹、シカ2頭
❹．お手伝いたちはナムジルに気づかれないようにゲルへ様子を見に行ったのに、気づかれてしまったと思ったから。
❺．c

2-04
1. A：2　B：3　C：1
　D：4　E：5　F：6
2. ①×　②○　③×　④×　⑤○
3. A：ア,イ,ウ,オ,カ,ク,ケ,コ
　B：エ,キ,サ
4. 欲張りなおじいさんが灰をお殿様の前で桜の木にまいても、花はぜんぜん咲かず、灰はそのまま、お殿様の頭にかかってしまったから。

2-05
1. A：5　B：3　C：4
　D：1　E：2　F：6
2. A：ア,イ,カ,キ
　B：ウ,エ,オ,ク,ケ,コ
3. お金がなくて、左手も不自由だったから。
4. 自分のように病気やけがで苦しむ人を助けることができる医者という仕事に感動したから。
5. b

3-01
1. ①男の人はテレビを見ながら、お菓子を食べています。
　②男の人は音楽を聞きながら、ジョギングしています。
　③男の人は本を見ながら、料理を作っています。
　④男の人はビールを飲みながら、ご飯を食べています。
2. 例1　A：運動した後のビールはおいしいなー。
　　　　B：ダイエットはどうしたの？
　例2　A：明日もダイエット、がんばるぞ！
　　　　B：それ、ダイエット？

3-02
1. 地下室へ行け。大きな時計のふたを開けろ。時計を止めろ。中の箱を取れ。宝物はその中にある。人には言うな。夜は地下へ行くな。
2. ①地下室へ行く。
　②大きな時計のふたを開ける。
　③時計を止める。
　④時計の中の箱を取る。
3. ・人に言ってはいけない。
　・夜は地下へ行ってはいけない。

3-03
1.

ア	メ	リ	カ		ア	ジ	ア	
ル		ラ	ン	チ			ド	
バ	ラ	ン	ス		エ		レ	ジ
イ			ネ	ッ	ク	レ	ス	
ト	イ	レ		ク		デ		
		ス	イ	カ		ィ		カ
エ		ト		カ	ー	テ	ン	
ア	ラ		セ	ロ			ニ	
コ	イ	ン	ラ	ン	ド	リ	ー	
ン			チ			ー	ン	

2. カレーライス

3-04
1. 0570111111
2. 436417418953
3. 1
4. 0427
5. 3
6. 1

3-05
1. 2. 3. 省略
4. c
　動物の名前：カエル

※この詩の初めには、次の言葉が書かれています。
「かえるは冬のあいだは土の中にいて春になると地上に出てきます。そのはじめての日のうた。」